Es ist an der Zeit ...

August-Wilhelm R. F. Beutel

Es ist an der Zeit …

… Sein und Zeit in Einklang zu bringen

Bibliografische Information der Deutschen Nationalbibliothek:
Die Deutsche Nationalbibliothek verzeichnet diese Publikation
in der Deutschen Nationalbibliografie; detaillierte bibliografische
Daten sind im Internet über http://dnb.dnb.de abrufbar.

© 2017 August-Wilhelm R. F. Beutel
Satz, Umschlaggestaltung, Herstellung und Verlag:
BoD – Books on Demand

ISBN: 978-3-7448-6043-7

Inhaltsangabe

Je Absatz, bestehend aus 30 Sonetten plus EINE (1) Einlesehilfe aus diesen meinen fünf (5) Hauptthesen F. Nietzsches. Weiter aus dem Gesamtwerk Karl Jaspers' und Martin Heideggers Werken über „Friedrich Nietzsche": Seitenzahlen etc. als Vermerk der Zitate.

Zu meiner Person

Beutel
August-Wilhelm

Mit dem Fangnetz in beiden Händen, und am Leibgurt den BEUTEL für die gesammelten Pilze, Kräuter, Beeren usw.!
Jäger und Sammler sollten wir, mit dem Namen BEUTEL, einst gewesen sein (so die Ahnenforscher). Familienwappen: anbei!
So kehre ich HEIM: Wortsammler und *Jäger der Gedanken zu sein!*

Ich zu Ich

›ich‹ bin ein Jäger
mit den Augen: Friede
›ich‹ bin ein Suchender
im Wort nach mir:
Verschwiegenheit!

›ich‹ bin, so glaube ich
noch ungeboren: Liebe!
›ich‹ lebe außerhalb der Zeit
bin ich noch: tot?

›ich‹ bin der reichste Mann der Welt
denk ich all mein Fühlen: Sehen!
›ich‹ bin mit all dem Reichtum
dieser Welt bestückt
ich lebe heut und hier

›ich‹ bin mit all der Liebe ausgestattet,
in all der Dunkelheit noch Licht zu sehn.
›ich‹ bin ein Jäger. ›ich‹ liebe, also lebe ich!

So fand ich mich: ICH!

August-Wilhelm R. F. BEUTEL

Es ist an der Zeit ...

Einlesehilfe Teil I

Alle Zitate, F. Nietzsche betreffend, sind nachzulesen in Band 1 und 2 von Martin Heidegger und Karl Jaspers, F. Nietzsche, »in de Greuters Studienbuch, 4. Auflage«: Seitenzahl angegeben.

Meine fünf (5) ausgewählten Themen gehen auf die Leitmotive von Nietzsches Denkens zurück.

I – Wille zur Macht. II – Umwertung aller Dinge/Werte. III – Die ewige Wiederkunft des Gleichen. IV. – DER Übermensch und V. Die Morgenröthe. Sie alle wurden mir ein einziges Wort: Es ist an der Zeit …!

Karl Jaspers schreibt: »Es gibt die wahren Philosophen, die weder Boden noch Leere haben, sondern eine Tiefe, die sich offenbart, sodass kein Ende zu ziehen ist. Sie ziehen immer tiefer hinein, ohne sich im Stich zu lassen.«

In meiner Parallele, ohne Anfang, ohne Ende, befinde ich mich. Keine Tiefe, keine Leere, nur ein ständiges Fließen: LEBEN!

F. N., S. 354. »Der ewige Wiederkunftsgedanke (August 1881) … ich ging am See von Silvaplana durch die Wälder; bei einem mächtigen, pyramedial aufgetürmten Block unweit Surlei machte ich Halt. Da kam mir dieser Gedanke. Unsterblich ist der Augenblick, wo ich die Wiederkunft zeugte. Um diesen Augenblick willen ertrage ich die Wiederkunft. Mein Trost ist, dass alles, was war, ewig ist – das Meer spült es wieder her.«

F. N., S. 112. »Ich nahm mich selbst in die Hand, ich machte mich selbst wieder gesund; die Bedingung dazu ist, dass man im Grunde gesund ist.«

Dieses Gesundsein ist das höchste Ziel und damit ein GUT unbeschreiblicher Kraft, über den Körper hinwegsehen zu können. Denn? Diese Nietzsche-Gesundheit ist allein sein höchstes

Ziel, Sein und Zeit in Einklang zu bringen. Über die geistige Gesundheit den inneren Frieden, gedacht zu haben, von dort her weht der Wind – Leben – alle Krankheiten über das Atmen aus!

Der Wille zur Macht ist nichts anderes als eine Umwertung aller Dinge (Werte), um die ewige Wiederkunft des Gleichen zu erkennen – bewusst –, um dieser Übermensch Nietzsches zu sein und nicht der Supermann im Sport, Film usw. Oder gar, die Muttersprache Deutsch verlassend im englischen/amerikanischen Superman aufzusteigen. Dieser F.-Nietzsche-Supermann ist nichts anderes, als sich an die Hand zu nehmen, um die stetige geistige Erneuerung seiner Selbst auszumachen! Diese Gesundheit leitet mich, diese Texte anzupacken, meinen kleinen Garten, Denken, Handeln, SEHEN, Sein und Zeit, in den Mutterboden Sprache einfließen zu lassen, um Ein- und Ausatmen, körperunabhängig, als z. B. meinen Willen zur Macht, oder auch Umwertung aller Dinge, auszurufen.

Von einer schweren körperlichen Krankheit geistig erholt, lebe ich diesen Gedanken: Gesundheit in den neuen Tag hinein, und Herz und Auge lächeln.

Karl Jaspers meint dazu: »Transzendenz ist die Form der Erscheinung im Dasein, durch die allein dem Menschen der Gehalt des Seins und seiner Selbst gegenwärtig wird.«

Also? Ich halte meine Hände in das Licht hinein und warte auf das EINE

Wort, das mich ständig, Tag um Tag, aufruft, in meinen kleinen Garten hinauszugehen.

Mein Garten – Muttersprache – meine Welt

Schaue ich aufs Feld: bekront
das Wort! Umgaukeltes Licht
verschont den Keim, betont.
Auf dem Acker, das Korn, ein kleiner Wicht.

Ein Lächeln, ein Aderlass
des ungekürten Grüns: der Same.
Er lief auf. Aus dem Blass
der Ackerkrume der schwarzen Dame

erwuchs ein Kind mit lächelndem Gesicht.
Ein Spross, so grün wie Licht
im Anbeginn der Augenwelt.

Ein Jubelschrei, als wär's ein wortlos' Gedicht,
das aus der dunklen Erde bricht,
öffneten den Geist: Das Feld war bestellt!

Friedrich Nietzsche, dem ich mich an dieser Stelle anschließe:
»Ich habe mein neues Land entdeckt, von dem noch niemand
etwas wusste, nun muss ich's mir freilich noch Schritt für
Schritt erobern.«

So ich: Muttersprache, meine ständig NEUE WELT!

Teil I

Die Umwertung aller Werte/Dinge

Dort, wo aus der Synthese wieder eine neue These entsteht!

I/1

Wenn alle Thesen aufgerundet
nach der Antithese Endprodukt
Synthese ergibt, dann gesundet
die Masse in dem Viadukt,

das Licht zum Schweigen zu bringen.
An dieser Stelle öffnet sich, oh Wunder,
das Ergebnis, es beginnt ein Singen,
das Endprodukt mit einem Zunder

zu belegen, den Wert, der eben tiefst errungen
in die Luft zu sprengen, um der alten Welt
ade zu sagen, umzuwandeln Wert und Dinge.

Eine neue These wird jubelnd besungen.
Ist auch dieser Wert oft: Macht und Geld:
zum Neubeginn: die »Olympischen Ringe …«!

… Morgen werden's andre sein …

Nietzsche in »Also sprach Zarathustra«

»Es ist an der Zeit, dass der Mensch sich sein Ziel stecke! Es ist an der Zeit, dass der Mensch den Keim seiner höchsten Hoffnung pflanze.«

Wohin mit meinem Wort? Welche Erde nimmt
auf meinen Namen: geboren!
Da sprach die Welt ihr Abc: Und so erglimmt
das Korn: Der Boden noch gefroren.

Da nahm mein Lächeln auf das eine Wort. Erhoben
warf der Sonne Schein die Soden auf.
Und in den Rillen jener schwarzen Roben
leuchtete der Hoffnung Knauf.

Die Zeit erblickt zu haben, das Abc zu küren,
sich in Texten aufzulösen. Das große Ziel
der höheren Hoffnung sich zu geben.

Außerhalb der Masse Einheit zu spüren
zum Außer-Ich empor, den PRIEL
im Endlos-Meer als Einheit Hoffnung zu erleben.

Ich: Es ist an der Zeit

Ich und Du: Fichte schrieb einst Ich = Ich. Aber? Jedes Ich ist so gesehen jene Unendlichkeit (Endlichkeit gedacht), wie es Menschen auf dieser Erde gibt. Ich ist lediglich die Verkörperung in ein »Masse-›Ich‹« einzuschießen. Zu lösen ist dieses Problem nicht mit dem Ich = Ich, denn dazu brauche ich ein Du, das dann auch wieder das Du = Du herausfordert, da ein Du nicht Ich = Ich erkennen kann. Ich = Ich erfordert im Grunde ein drittes Ich (usw.), um ganz simpel dieses Forum aufzubauen. Dieses dritte Ich ist dann also befugt, These und Antithese gesondert zu sehen; im Grunde wiederum nur eine neue These, denn diese Synthese ist nichts anderes als das Sammelsurium-Ich.

An dieser Stelle muss das Ich These und Antithese beinhalten, gleich dem des zweiten Ich. Somit hätten wir schon sechsmal Ichs und das siebte. Ich muss diese Konstellation in sich aufnehmend begreifen. Mathematisch könnte ich diese Aufgliederung endlos weiter ins Detail auflösen – oder festigen – wie Sie wollen. Aber? Irgendwo stehe ich allein, ohne Ich = Ich mit diesem Wissen, nur Wort für Wort, aus allen Plagiaten ›mich‹ hervorzuholen. Das Problem ist das Zeichen: Wort!

Bei dem Lösungsgedanken Ich = Ich negieren zwei Unendlichkeiten, im Kern des Selbstmitleides, weder das eine noch das andere Zeichen zu versinnbildlichen; da die Parole Ich = Ich zuerst das Gesamt-Ich als Anschauungsprojekt zergliedern muss. Diese Einheit schließt die Unendlichkeit des Zeichen-Inhalts Ich ein, muss demnach, zeitlich, problematisch alle Wortgesetze in die Zahl umsetzen, dann erhalte ich 1 + 1 = 2, wobei diese Zahl dann nur die Bedeutung einer mathematischen Einheit darbieten kann! Ich? Das ist doch im Grunde etwas ganz anderes, ein unendliches Umformen, Teile aus dem »Corpus Delicti« herauszuheben. Und dann? Aus dieser Unendlichkeit der Vielheit Ich = Ich, muss ›ich, du, er, sie, es‹, ganz gleich, wie dieser Restmodus Name, Titel usf. bekommt; daraus muss ein neues Zeichen geformt: NORM ergeben! – EIN (1) Wort!

Alle Thesen, Antithesen, Synthesen, die sich daraus ergeben, formt dieser Erkennen-Wollende zu seiner Neuen These um.

In der Hand, mit Futter versehen, der Spatz auf dem Dach, mit guten Wünschen rufend, herabzukommen, um seine Thesen, Antithesen als ausgerufene Ich-Wahrheiten anzuerkennen! Und das Volk pickt, pickt, pickt, um wenigstens für sich irgendwo ICH zu sein!
   F. Nietzsche meint: »Weil das Positive nur auf dem Wege über die Negationen gewonnen wird. – Wissen ist Macht!« oder die Umsetzung aller Dinge (Werte), so gaukelt jeder auf Erden (fast jeder, nicht alle) dahin, im Ich allein zu sein: Eine (1) als Zahl, im Machtgehabe die Menschheit zu verdummen! Dann kommt die nächste Generation, und sie beteuert: Aufklärung. Und sie beginnen wieder mit demselben Spiel, Ich = Ich, und glauben: zu wissen.

Im Glauben zu töten ist das »Höchst-Maß«, Wissen mit Wissen durch alle Negationen – Glauben – hindurchzupeitschen, dass sie im Selbstmord, den Glauben in Wissen umgeformt zu haben – sie die wahrhaft Gläubigen – Wissenden zu sein! »Heilig dann«, sie, die Höher-, Tiefergläubigen. Am Grabe dann? Hier endet meine heilige Pflicht zu schweigen. Denn? Andersgläubige starben am Kreuz, mit dem Giftbecher usf.! Ich bin nur ein ganz normaler Masse-Mensch, im sokratischen Sinne: »Ich weiß, dass ich nichts weiß«, darum für alle wahrhaft Gläubigen: kein Wort, kein Bild … nur? Jetzt folgten, schrieb ich weiter, dann würde ich mich zum Wissenden bekennen, und das will ich vermeiden.

Mit einem Nietzsche-Wort ende ich hier erst einmal:»Die Erkenntnis hat den Wert, die absolute Erkenntnis zu widerlegen. Wahrheit und Irrsinn seien, als Stufen der Scheinbarkeit, dasselbe … Wir müssen wieder gute Nachbarn der nächsten Dinge werden.«… auch wenn so manches Mal wortlos: 1 + 1 + 1 + 1 = Ich dabei herauskommt.

(F. N.)»Nur volle, tiefe Naturen können sich einer furchtbaren Leidenschaft so völlig hingeben, dass sie fast aus dem Menschlichen herauszutreten scheinen.«

Diese tiefste Bereitschaft, sich zu suchen, das ist eine Notwendigkeit zwischen Selbstaufgabe und dem Bewusstsein, sich als Einheit erkannt zu haben; an der Stelle löst sich das Massewort Mensch ganz unerlässlich auf. Mit einem Sechszeiler (F. N.) füge ich mich bei diesem Gedanken tiefst ein.

»Niemand darf es wagen,
Mich danach zu fragen,
Wo meine Heimat sei.
Ich bin wohl nie gebunden
An Raum und flücht'ge Stunden,
Bin wie der Aar so frei!«

Aber? Auch der Aar ist nur bildlich frei, da wir Menschen uns einbilden, unser GEHEN in eine andere Dimension aufflackern zu lassen. Aber sein Fliegen ist sein Gehen, das sollten wir bedenken, wenn wir uns flugs in das Medium eines Adlers, in die Luft, erheben.

(F. N.)»Aber schaudernd müssen wir sehen: Da laufen die verfeinerten Raubtiere und wir mitten unter ihnen … Ihr Staatsgründen, ihr Kriegführen, ihr gegenseitiges Überlisten und Niedertreten, ihr Geschrei in Not, ihr Lustgefühl im Siege – alles Fortsetzung der Tierwelt!«

Ist nicht der Aar auch ein Tier? Nehmen wir Menschen uns nicht immer von anderen Wesen das Gute, das Böse zur Hilfe, wenn wir als Mensch nicht weiterwissen?

Weise wie die Eule. Schlau wie der Fuchs. Stark wie ein Bär. Flink wie ein Wiesel. Wie das Adlerauge: sehend. Glatt wie ein Aal; wobei hier schon langsam die Gegenseite, das Abfällige sich bei Mensch und Tier regt. Diebisch wie die Elster ... und so fort.

»Wenn das Geld im Kasten klingt, die Seele aus dem Fegefeuer springt«, dann sind wir endlich wieder Menschen: Wir glauben.

An dieser Stelle endet mein sokratisches Wissen: »Ich weiß, dass ich nichts weiß« ... ich, irgendein Mensch! ... Und schon bin ich wieder EIN (1) Wissender. Es ist an der Zeit, Sein und Zeit in Einklang zu bringen: Mensch an Mensch. Der reinste Glaube ist der, mit sich ALLEIN ins Reine zu kommen: »Ich weiß, dass ich glaube.« Dieser Glaube ist ein Wissen, im Sinne Sokrates. »Ich weiß, dass ich nichts weiß.«

Das ist, sprachlich, der einzige Punkt, das Wort auf die Einheit Mensch zu bringen, dass jeder Glaube ein Nichtwissen ist, darin allein besteht das Wissen, um sich wortlos wissend zu schätzen.

Niemand kann tiefer glauben als der andere; dort beginnt die Einsicht, Mensch zu sein, im Glauben wie im Wissen.

Sollte jemand glauben, sein Glaube ist tiefer als der des anderen, dann möge er dieses Wortlose (für sich – glaubend – zu wissen) wortlos lassen, denn dort allein bleibt Er (Es) wahr! Spricht er diesen Glauben aus, wird es (er) automatisch zum Nichtwissen, und das wäre dem Wahren (seinem Glauben) abträglich: schade drum.

Jeder Glaube vermasst – im Wort – den wahrhaften Glauben des Einzelnen, das ist z. B. (1) Wissen, kein Glaube. An diesem Punkte angelangt, gibt es keine Kriege: Gott gegen Gott, das ist dann alleine die Machtgier der Einzelnen (Menschen?). Ihr Wahres (irgend Wort-Glaube) in Macht umzusetzen: Die Verdummung des Einzelnen derer, die im Worte ihren Glauben aufgeben, um blind dem Nichtwissen des Patriarchen zu folgen ... untertänig.

F. Nietzsche schrieb einst an Overbeck: »Und immer mehr seh ich ein, dass ich nicht mehr unter Menschen passe.«

In diesem Sinne eröffne ich mir, den einen Schritt zu gehen, z. B. im Sonett mein eigen Verstehen als einen Garten anzulegen, wo jedes Beet Einzelnes hervorbringt: Denn das größte Wunder dieser Menschheit ist mir die Sprache. NUR? Die Wesen dieser Erde – wer weiß davon? Z. B. ICH!

Deswegen möchte ich aber auch auf die ganz großen Gefahren dieses Wunders: Muttersprache –weltweit – hinweisen! Damit das Wort, die Wörter ... Worte als eigentliches Wunder erkannt werden, da bedarf es der ganzen feinen Sinnlichkeit des Einzelnen, das, jedes Wort als ein Plagiat anzunehmen, es durch die Gehirnwindungen – die Synapsen – und den Neuronen (den Zellen) (Sprachraum) zu filtern, um am Ende dein Einzelnes DU in deinen Händen (deinen Sinn) halten kannst. Du antwortest wieder und wieder – mit einem Plagiat – von den Urvätern deines Landes eingepflanzt, um sich zu verständigen. Umgewandelt dann, in deinen Händen, deinem Atem, deinen Verstand wird wortlos dir das, jedes, Plagiat. Spürst du dann Wärme in deinem Herzen, und deine Augen leuchten, dann bist du dem Wunder Muttersprache einen riesigen Schritt näher gekommen ... Sie gänzlich aufzulösen? ... Nein, das wird wohl ewiglich das Wunder Sprache bleiben.

Auch das, was ich hier niederschrieb, war anfangs wortlos –

dann ein Plagiat! Unendlichkeiten wurden Wörter. Einzelnes verwandelte ich in Masse (Begriffe) um. Dieses Alles, insgesamt, ist und bleibt für mich das Wunder: Muttersprache, sprachen sie, so auf der ganzen Welt.

Denn … wiederholend betrachtet: Jedes Wort hat die Unendlichkeiten der Welt im Innersten verkapselt eingebaut.

Ich = Ich sprach einst Fichte und meinte, Objekt und Subjekt in Einheit zu binden, sich gefunden zu haben. Was geschah aber wirklich? Er machte das Ich zum Sammelsurium, zur Vielheit. Denn Ich = Ich braucht ein Du, das diese Spaltung erkennen kann (ein 3. Ich) …! Ein Ich vor der Mauer, das andere Ich dahinter, und das Du steht an der Schnittstelle, sieht sie BEIDE: links Ich, rechts Ich; nur ER sieht sie in diesem 3. Ich, also müsste ich von Neuem beginnen. Jetzt schauen Ich = Ich, Objekt und Subjekt, Denken und Gedachtes, ›Beide‹, mich an, Er, der das Ich spaltete, und sie fragten jetzt das Pärchen: Was machen wir jetzt mit dir? Er, der das Ich = Ich erdacht'? Da sprach das 2. Du den Finder dieser Tagparabel an und bat, um diese Zeit zu finden, dieses Du = Du, außerhalb der Zeit. Da fanden beide Ichs sich wieder ein und warten Tag und Nacht vereint auf den TAG! … dann kamst du!

Sokrates und ich

Er, ein Mensch, im Gespräch mit Hunderten auf dem Marktplatz. Nur einer: Ein Mensch, egal welche Titelei ihn zwang – Für oder Gegen – irgendeine Aussage, sich hinreißen zu lassen. Ich? Ich bin im Grunde alle diese 10, 11 ... oder mehr auf diesem Markt. Auch Kinder und Greise zähle ich hinzu. Selbst Frau könnt ich gewesen sein, im Aderlass, Menschen zu vertreten ... sie alle zu verstehen!

Sokrates fiel mir ein. Ein einfacher Mann, Handwerker! Politiker? Mag sein. Ein Bauer, der den Garten Geist ständig neu bepflanzte. Theologie? Nein, und doch Gläubiger im »Willen zur Macht« (F. N.), Staat und Gesetz, seine Wahrheit kundzutun. Ein Student? Ja – ein ständig Suchender.

Ich schließe mich bei Sokrates ein, nicht ER zu sein, nein, nur ein Bindeglied zwischen du und ich: Mensch!

Sokrates sprach: »Ich weiß, dass ich nichts weiß.« Ich schließe mich dem, wissend, an.

Sokrates: Ich sehe Glaubenskriege zurückeilend.

Theologe: Nein, das, was heute geschehe, hat mit dem christlichen Glauben nichts zu tun.

Ein Bürger: Das Abendland zog in den Krieg: Christen gegen Menschen!

Student: Warum töten sich Menschen wegen eines Glaubens?

Sokrates: Nichtwissen kämpft gegen Nichtwissen. Der Sieger posaunt seine Religion machttrompetend in den Raum und die Zeit, um dann das neue Religionsgesetz zu entfalten oder die »Sieger-Religion« neu auszurufen, als neues Gesetz dem Volke zu verkünden; oder einzubläuen: wie gehabt.

Student: Dagegen müssen wir auf die Barrikaden gehen!

Sokrates: Dort, wo Nichtwissen, Glaube, zur alleinigen Wahrheit ausgerufen wird, dort sitzen die Schlächter und warten auf das Vieh: Menschen! Kein Wort mag der Sirenen Sang mächtig zu werden.

Student: Es muss doch irgendeine Meinung geben, um diesem Wahnsinn ein Ende zu machen, für alle Male abzustellen.

Sokrates: Ja, gibt es. Das ist der Krieg: Mensch gegen Mensch. Nichtwissen gegen Nichtwissen.

Student: Und an den Gräbern geben Sie sich die Hände und schwören Besserung.

Sokrates: … bis die nächste Generation von Neuem im Nichtwissen den Rattenfängern auf den Leim geht, den Politikern, den Machthabern usw., folgen sie blind, um zu töten: auch wie gehabt.

Student: Und wann endet das?

Sokrates: Wenn der letzte Mensch, kopfschüttelnd, vor der großen Kuhle steht – dann möchte er seine Weisheit weitergeben. Nur keiner ist dort.

Student: Wie soll man das den Menschen denn verklickern?

Sokrates: Jeder sollte sich diesen Punkt wortlos vor Augen halten und dann seinen erkannten wortlosen Glauben im Nächsten – wortlos – wachrufen. So könnte es, im Schachbrett-Verdoppelungssystem, der Gemeinsamkeit – Sprache – klappen. Wenn?

Student: Wenn?

Sokrates: Wenn, ja wenn er nicht wieder sich vorstellt, allein der Wahrhaftige zu sein.

Student: Aber allein?

Sokrates: Mancher Diktator ist allein, so wie der wahre Philosoph, der diese Folge erkennt und sich wortlos als Mensch benennt:»Ich weiß, dass ich nichts weiß!« Damit machte man Sokrates zum weisesten Menschen … nachdem man ihn umbrachte! Der Machtlose ist immer der Einzelne: Das merke dir.

Student: Wenn ich dich so höre, da bekomme ich Angst.

Sokrates: Beginne zu zweit zu denken. Schau die Bäume, schau den Wald, schau die Rose, wie sie dich anlächelt, sie in den Arm zu nehmen.

Student: Und wenn ich dann immer noch allein bin?

Sokrates: Dann schau auf das Lächeln eines Kindes.

Student: Und dann?

Sokrates: Dann fasst deine Kindheit dich an, als du noch auf der Suche warst: Und du lächelst zurück. Dann bist du zu zweit für alle Zeit.

Student: Und das soll weise sein?

Sokrates: Nein, nicht weise: einfach wahr – weil es war!

Kopfschüttelnd verließ er mich.
Aber?
Kopfschütteln, das besagt:
Es war (wahr).
Er war nicht mehr allein!

Tag und Nacht = Der Tag

Ich glaube die Nacht zu sehen
als das Licht des Tages, vollbracht
im Sehen den Hauch der Dunkelheit
zu verstehen gab: wortlos zu gehen.

Das Leben eingegrenzt in alle Licht-Dioden,
so beginnt das Dunkel mir das Wort zu drosseln.
In Anbetracht der Heiterkeit zu sein,
den Moment mir nicht zu gönnen:
befreit zu sein, dem Worte »Jetzt« den
Kelch zu reichen! Wissend zu weichen!

Dem Tag die Nacht nicht zu entreißen?
Denn, ob links oder rechts, ganz gleich,
Hand bleibt Hand, so wie die Nacht
Teil des Tages: Erdenzeit.

Im All hingegen mag der Tag sich völlig
anders gestalten, so wie das Wort, das
alle Möglichkeiten in sich birgt: Tag wie Nacht.

Es ist vollbracht: Es war an der Zeit.
All die Kategorien, dieses zu zweit
– Tag und Nacht – als Einheit zu verstehn!
So wie Zeit und Sein als Gesamtheit – Tag!

Wissen und Glauben: war und wahr

Eine Wahrheit gibt es:
Wahr ist das, was war. Es war gewesen!
Gegenwart, das ist die Möglichkeit (wahr, war)
zu werden: bis es gewesen: war.
Was wird? Das weiß allein die Zeit, wenn sie einst (wahr, war).
Das ist wahr im Worte – war – gewesen!
… wenn sich Zeit und Sein … vereinen!

Und ich beginne mit Sonett eins (1): ICH!

Glaube ist das Orakel – Gehabe,
wenn das Laub den Baum verlässt.
Auf dem Boden schreit die Schabe:
Wahr ist, was den Boden nässt.

Wahrheit ist an sich – mir – die Synthese,
bis das Für und Wider still zerfließt.
Dieses Endprodukt erfüllt mir die Genese,
wenn die Saat, du fleißig, stets, sie gießt.

Jede These war irgendwann: Synthese! Mit Verlaub
dann geboren, fordert sie das Gegenprodukt
heraus, ein schrilles Glauben? Nein!

Das ist wahr, weil die Synthese vordem, glaub
es mir, mit den Augenwimpern hat gezuckt!
Auf diese Wahrheit fall ich nimmermehr herein.

… oder doch? …

2

Dein Wort wird wahr in der Gebärde,
Hände zu öffnen. Geben
ist außerhalb der Beschwerde
dem Menschen: Leben!

In der Uniform, sich Mensch zu nennen,
beginnt der Urschrei, die Sirenen
zu entmachten. Im Erkennen
möchte ich's erwähnen,

die Zeitspur jeder meiner Wörter neu
zu belichten,
zu hinterfragen mit dem Jetzt die Zeit.

Geschnitten ist das Gras, ward Heu,
um zu verrichten:
Futter dem Vieh? Seid bereit ...!

... so und auch so gesehen ...

3

Das Instrument des Denkens ist das Wort.
Die Hand, die die Seiten streicht,
ist nur die Verbindung mit dem einen Ort
er, der deiner Hand entweicht.

Aus dem Nehmen, Klänge zu lösen,
kommt hinzu die Verbindung zum Ich,
das Klingen, das nächtliche Dösen,
Allheiten zu verkoppeln, um in sich

einen Ton zu erzeugen. Den Denkansatz
Vergeistigung der Hände, die Seiten
dem Urheber, das Instrument, zu geben?

Die Verbindung Einheit zu bieten, dem Platz,
wo der Wert die Unendlichkeit der Eitelkeiten
erfüllt? Gelöst ist der Ton, die Vielheit: Leben!

4

Unscheinbar ist mein Ich,
wie die Zeitspur zur Wende
vom Kind zum Manne: an sich.
Größer, stärker sind die Hände,

nur der Geist schwimmt am Rande
des Seins und mit der Zeit.
Vulkane zu erkennen, all die Bande,
wo des Volkes Stimme schreit:

Seid bereit, das Licht dem Tag zu bringen,
all die Gluten zu verstehn.
Erdbebensichere Häuser zu errichten,

damit der Garten Eden möge singen,
Wort für Wort: neu zu begehen,
den Menschen vom Frieden zu berichten!

… Glut an Glut …

5

Letzte Rosenknospen tränen
den »November – Kälte – Nebel«
mir entgegen. Zu erwähnen
noch der Träne Hebel,

dieses ungeblümte Wintermärchen
in das Heute aufzunehmen.
Das Dilthey-Pärchen
vor der Frucht die Blüte zu erwähnen:

dass die Blüte ganz allein
Frucht dem Baume sei?
Und das Endprodukt: die Nuss?

Nicht der Pflanze zugehörig. Rein
wird das Wort wie der Gedanke frei:
wortlos dieser Philosophengruß!

… Blüte Wort, du mein Leben …

6

Hochhaus-Gärten

Auf den Dächern, Himmelsnähe!
Gärten! Japans Reis, lichtgekost
auf dem Dach der Welt. Wehe
der Menschheit all-umtost,

den Himmel zu verbauen.
Damit das Volk, Kind an Kinder,
sonnenumgaukelt hungernd: zu schauen.
Überbevölkerung ist nicht minder,

den Hintergrund mit Glauben zu schüren.
Millionen Schwarzafrikaner – Kolonialisten, frei
auf Flößen weiter auf dem Meere gebären.

Der Kolonialismus aus der Kaiserzeit öffnet die Türen.
Kreuzzüge verallgemeinert zum Allerlei,
öffnet die Hofgärten, Licht und Wasser zu verzehren.

... Himmels-Einerlei ...

7

Das rote Tuch, Tod dem Stier:
Volksbelustigungs-Tradition!
Zu töten, der Menschheit Plessier.
Der König lächelt belustigt vom Thron.

Erste Menschen schlagen sich tot:
für? »Ein Glas frisches Wasser!«
In den Slums der Welt: Atemnot!
Heiligkeiten werden blass und blasser.

Kreuzzüge, iPhone-gesteuert,
ziehen ein. Mittelmeer-Divisionen
bevölkern, Mensch geworden, Slums und Hütte.

Dort, wo der Kaiser lachte: »Gut gemacht«, heuert
der Mopp an, Kindersoldat-Missionen.
Glauben wird mächtig: zur Gruben-Schütte.

… Der Mensch und das Tier: Stier! …

8

Demokratie

Fünf, sechs Parteien treten an,
ein Volk, Menschen zu regieren.
Der Einzelne verliert, bevor er begann,
Wahrheiten zu negieren.

Masse begeht seltsame Wege,
eingefangen von der Allmacht, Mensch zu sein.
Drum wählt die Masse, Masse: Stege,
Treppenstufen für die Macht am Rhein.

Heute ist Berlin der Schauplatz zu regieren.
Und die Kreuzchen, so auch so gegeben,
rekeln sich, mit eigener Macht.

Masse, Wörter: Radioapparate zieren.
Und der Einzelne, er lächelt still, verlegen:
Sein Kreuzchen hat die Demokratie gebracht.

… Nacht bei Nacht …

9

2016

In dem Fluchtgebaren, nicht zu sehen,
steht der Mensch, die Hand vor Augen,
um dem Taggeschehen
nicht das letzte Blut zu saugen.

Aus der Allheit der Gegebenheiten,
Weltgeschehen menschlich zu verstehen?
Den Schah schlug man tot (beizeiten),
so, das Volk, in Demokratie, sollt' aufzugehen

im Glauben, göttlich das zu richten,
was sie, so Gott, gebar:
Menschen im Nichtwissen Menschen zu töten?

Jetzt tötet Glauben gegen Glauben, mitnichten
von Altar zu Altar …:
Kein Kommentar, um nicht vor Scham zu erröten!

… 2017? Da wird alles anders sein …

10

Die Vielfalt des Denkens

Aus der Einheit Vielheit zu gebären
ist der Sieg, die Macht des Wortes
aufzunehmen: Hinter allen Zähren
sind es Freudentränen eines stillen Ortes,

der öffnet das Geschehen: zu verstehen.
Dem Licht, die Lippen zu öffnen, weit,
um zu formen, den Begriff: Sehen!
Legt das Dasein sich außerhalb von Zeit

und Raum? Im Ausatmen, so, allemal
ist diese Einheit ›Wort‹ Unendlichkeiten offenbart
zu stillen. Alle Gegenwehr, mit Bedacht

im steten Kreisverfahren, wird am Marterpfahl
sie enden: dem Verstehen. Öffne deine Hand apart:
Einheit löst sich und dein Auge –sehend – lacht.

11

Friedrich Nietzsche schrieb:
»Es gehört zur Wirklichkeit des Menschen, dass das
tiefste und wahrste System seines Denkens in zeitlicher
Gestalt erscheinen muss.«

Die Wahrheit des Lichtes ist das »Geworden«,
im Sein zu werden,
die Stummheit mit Akkorden
zu errichten! Auf Erden

im Sich-Begehren in ein Wunder umzuwandeln,
dem Blattgrün zu fronen.
Lichtbegehr, das Antlitz abzuhandeln,
auf Kugeln der Einfachheit thronen.

Zeitlich ist das Sich-Gebären,
Laternen zu entzünden, die
im steten Blitzen zeugen

das Gewesensein im Laub der Bäume Sphären
in Einklang zu bringen, wie
Tannen, die sich zart im Winde beugen.

… Denken …

12

Machteinheiten geben sich die Hände.
Dein Kreuzchen für die Macht am Rhein,
es ist gegeben. Vollgeschmückt beglückt sie Wände.
Deine Partei, sie gewann das Sein.

So gesehen ist nicht viel geschehen:
Das Auge der Vermummten
in Berlin, das Wahlgeschehen
zur Kenntnis genommen; sie verstummten!

Bis die Tage vor der neuen Wahl.
Die Gehälter, die Tantiemen
bitten wieder Kreuz um Kreuz für sich.

Damit die Demokratie nicht gar so kahl
in den Volks-Migränen …:
Das Volk geht mit, auf des Wortes Strich.

13

Jedes Widersetzen ist an sich
so, wie ich diesen Part muss sehen,
ein Billigen für mich,
gesagten Text neu zu begehen.

Im Widersetzen , da beginnt das Ja
zum Zeichen der Bekennung,
verstanden zu haben. Und da
beginnt von Grund auf die Benennung,

sich dem Partner denkend
mit Inhalten zu finden,
auf den Podesten die Gründe zu besehen.

Warum, wieso man lenkend
den Text mit eigenem Atem zu binden?
Im Widerspruch wird das Gespräch so zum Verstehen.

… Jedes Wider ist auch ein tiefes Dafür …

14

Jedes Bild birgt irgend Wort in sich,
so vermittelt selbst das Leben
an den Rand der Übersinnlichkeiten mich,
das All zu beschenken, Sprache zu verstehn.

Ich sinne ist das Atmen mir
in höchsten Tönen, sich zu belohnen.
Dem Wort zu folgen: Damit atmen wir
in tiefen Zügen ein, im Erdachten zu thronen.

Aus dem Lichterkranz im Vogellied
zum Trauergesang?
Nein! Also blieb es liegen, das Geschenk.

Die geöffnete Hand, sie mied
zum Dank den Trank:
das goldene Gelenk!

… der Sonne Ohr …

15

(F. N.) S. 199 »Wir müssen wieder gute Nachbarn der
nächsten Dinge werden.«

»Wer tiefer denkt, der weiß,
dass er immer Unrecht hat,
er mag urteilen (auf Geheiß),
mag handeln« (müd' und matt) (S. 208),

»dass er immer Unrecht hat.
Er mag machen, was er will.«
»Der Rang des Lachens (im Rad)
bestimmt den Rang des Philosophen (still).« S. 249

»Ein Individuum bedeuten
ist nicht Lust, sondern Strafe.« (S. 237)
Drum sind wir mit dem Lachen auf der Hut,

das Recht mit Unrecht einzuläuten.
Am Rande des Rains grasen die Schafe?
Menschen zu sehn: Das täte gut!

Anm. Karl Jaspers, »Nietzsche«
»Es gehört zur Wirklichkeit des Menschen, dass das tiefste und wahrste System seines Denkens in zeitlicher Gestalt erscheinen muss.« (S. 19)

16

Die Menschen-Wirklichkeit beginnt
mit der Geburt und endet wahr
mit dem Gegenlicht des Denkens, gerinnt
mit dem Wort gemeinsam immerdar:

Die Wirklichkeit gewinnt. So gesehen
endet mit der Zeit das Wort.
Eine Neugeburt wird erstehen,
die Wirklichkeit am wahren Ort.

Das Wahrste am Menschen ist sein Ahnen,
Glauben als einzig Wahres zu erleben,
Himmel und Hölle Namen zu geben.

Und die Ahnen, selbst die Wahrsten planen
ein neues Etikett nach dem Diktat, das gegeben
in wahrer Wirklichkeit: Leben zu leben.

... Z e i t ...

»Unerschöpflich ist dieses Studium, das das Ganze
sucht und doch erst aus dem Ganzen heraus im Fragen
und Ergreifen der Begriffe und Gegenstände gelingt.«
S. 18 (F. N.)

17

Unerschöpflich ist stets das Ganze,
das Nichtnachzuvollziehende, im Kreis
der Ouvertüre, im Beginn dem Kranze
im Binden, den Kreislauf, als Beweis,

Begriffe ergreifend: als das kühlende – JETZT!
Man greift hinein, verführt die Hand
zu normen. Die Form, sie wird vernetzt.
Und? Es entsteht ein Wörterband.

Das Fragen allein schon Begriff
als Ganzes ein Pseudonym
für den Herzschlag des Autors am Feder-

Kiel, dem Tintenstrom jenen Schliff
zu geben, nicht gänzlich anonym
Gelöbnisse geistvoll zu ziehen vom Leder.

… jedes wahre Zitieren …

»Jedes Zitieren ist auch ein Vergewaltigen!« (S. 25)
(K. J.) »Was Nietzsche philosophierte, ist dem Musischen
abgerungen, gegen es erobert.«

18

Jedes wahre Zitieren aber ist ein Erweitern,
ein sich Hineinbegeben in den Denkansatz: zu sein!
Denn? Jedes Gegebene als Zeichen soll auch erheitern
oder zum Schweigen bringen den bösen Schein.

Musik ist wortlos, so des Volkes Mund.
Philosophie der Musik abgerungen?
Nein! Jeder Atem, jeder Ton bietet kund,
jedes Zitat ist im Worte verklungen,

wurde Zeit, ein stilles Spiegelbild
dem, der's gegeben.
Mit Zeichen Zeichen zu widerlegen?

Das ist nur ein ganz schwacher Schild
für das wahre Lied im Leben,
Atem an Atem, das alleine kann Zeilen belegen.

… einen Wohnsitz verlieren? …

(K. J.) »Er (F. N.) verliert den festen Wohnsitz und irrt
von Ort zu Ort, als ob er suchte, was er nie fand. Aber
dieses Ausnahmesein ist selbst eine Substanz, ist eine
Weise von F. N. gesamtem Philosophieren.«

19

Einen Wohnsitz zu verlieren ist nicht: Heimat
verlassen! Jedes Suchen ist schon ein Gefunden,
sonst ginge man nicht auf die Reise. Im Spagat
zog sein Wort die seine Seele in den Bann, um zu ge-
sunden

an jenem Ort, seinem philosophischen Wort.
Sinnverwandtes Suchen ist Substanz,
den festen, eingefleischten Rapport
zum Lied zu erheben, zum Dionysos-Tanz,

Leben als Wort zu erheben. Fern
von dem Zeichen jener Inhaltsangabe,
Gelöbnisse zu zelebrieren.

Seine Krankheit war ihm innerster Stern,
seine Zeichen, nah und fern, als Habe
zu sehen, um sein Selbst nie zu verlieren.

»Ich habe mein neues Land entdeckt, von dem niemand
etwas wusste.« S. 49

(K. J.) über (F. N.) »ER verlässt den Hafen, um auf offenem Meer vor der Unendlichkeit zu stehen.« (S. 55)

20

Das neue Land war nur ein neues Wort: So gesehen
kannte er es noch nicht, diese Endlichkeit.
Er verließ den Hafen, das Meer, All zu begehen
im neuen unentdeckten Land fern der Eitelkeit.

Sein Verstehen, in das Licht der Zeit sich zu entlassen.
Einen Hafen verlässt man nicht, um aufs Endlos-Meer
sich treiben zu lassen. Ein Hinaus aus den Massen
sucht eine neue Einheit; Hafen, um das Heer

der belasteten Zeichen, Benennungen neuer Länder
zur Einheit zu binden. Das,
was einen neuen Hafen mit Sehnsucht füllt.

Und all die trauten Textgewänder
türmen sich auf, bilden der Welle: Fass.
Der neue Himmel »Wille zur Macht« war enthüllt.

… Umwertung aller Dinge …

21

»Man kann den großen Erfolg nur haben,
wenn man sich selbst treu bleibt.« (F. N.)
Mit meinem Selbst und all den Gaben,
die mir von der Natur einverleibt:

»Und immer mehr sehe ich ein, dass ich nicht
mehr unter Menschen passe.« S. 75
Damit ist aber der Aar nicht das andere Licht,
als Einzelner sich zu lösen von der Masse.

Das Auge tränt, seh ich die übelsten Berichte
von Mord und losgelöster Brutalität.
Damit mache auch ich mich »menschenfrei«

von all der göttlich anmaßenden Geschichte,
als Gotteskinder rein zu sein. Gar allzu spät
sagt das Gesetz: Auch du bist als Mensch immer dabei!

»Die Einsamkeit liegt im Wesen des Erkennens, sobald
das Erkennen zum Leben selbst wird.« S. 89

22

Erkannt zu haben, Erkennender zu sein,
ist schon das Kandelaberlicht im Text
der Einsamkeit, der Schatten, Schein,
der dir die Reinheit Ich verhext.

Ausgezogen bin ich wohlerzogen,
das erkannt war nur die Außenbahn.
Auf dem Laufband Menschheit eingebogen,
löste das Erkennen diesen Wahn,

Erkennender zu sein! Einsam war ich nicht,
das bedeutet schon, erkannt zu haben?
Nur? Die Einsamkeit gesellte sich: anbei!

Denken ist Sein, so sprach das wahre Gedicht.
Kann ich jetzt, als Erkennender, mich laben?
Nein, es war der stille Schrei: der Mensch im Allerlei!

Spekulative Mystik: (ewige Wiederkehr)
Metaphysische Seinsauslegung: (Wille zur Macht)

»Sein ist die Verallgemeinerung des Begriffes Leben:
Wollen …
Wirken … Werden.«
»… der Kampf, der nur sich selbst erhalten will.«

23

»Dem Werden den Charakter des Seins auf-
zuprägen – das ist der höchste Wille zur Macht.« S. 349
Sprach der Philosoph und nahm in Kauf,
den Tag zu verkünden, ohne die Nacht

mit einzureihen in das Spiel-Paket
des Laternelaufens. Da stand ich still
im Wollen, Wirken, Werden. Es geht
vom Wort her allemal, wenn man will.

Sich selbst zu erhalten, in spekulativer Mystik
die ewige Wiederkehr, am pyramidalen Block
am Silvaplaner See aufzusaugen, als Bild.

Als metaphysische Seinsauslegung, listig
den Kern – Sein – als Krückstock
zu verwalten? Das ist nicht meines Lebens Schild!

»Der Fluss fließt immer wieder in sich zurück, und immer wieder steigt ihr in den gleichen Fluss, als die Gleichen.« S. 350

24

Der Fluss fließt, ich muss gestehen,
in sich zurück, als Augenblick.
Aber? Derselbe Fluss, so gesehen,
ist Einheit Ich, im Wort – nach Euklid!

Er ist Einheit, derselbe fürwahr,
so, wie ich als Einheit im ›Ich bin‹
ohne anderen Kommentar
nach Euklid. Das ist mein Sinn,

nie ein gleicher, sondern immer
Ich = Ich, als EINS geboren,
denselben Fluss zu besteigen, wenn die Zeit,

Tropfen für Tropfen, im Abendschimmer
im Worte flieht. Ich steige hinein, erkoren
das Du im Ich = Ich meine Zukunft befreit.

… Zeit … und … Sein …

25

Das Unverfälschte ist, mit sich, allein,
die Wege zu begehen, die als Träne
dir das All im Abend-Schein
als Morgenrot, das Weiß der Schwäne

dir streitig macht. Die Text-Benennung
als gegeben anzunehmen.
Die Nacht ist nur die halbe Kennung,
die Hand im Geben zu bequemen.

»Je abstrakter die Wahrheit ist, die du lehren
willst«, so Nietzsche weiter, »umso mehr
musst du noch die Sinne zu ihr verführen.«

So fällt das Wort ganz sacht in das Begehren,
abstrakter noch, als abstrakt zu sein. Schwer
allein wird das Öffnen der Wahrheit Türen.

... Wollen, Wirken, Werden ... daneben: ich ...!

26

»Wer tiefer denkt, weiß,
dass er immer Unrecht hat.«(S. 208)
Er mag urteilen auf Geheiß,
wie er will – das Blatt

bleibt weiß, da in jedem Resultat
am Ende eine neue These entsteht,
die andre Weisheiten ins Nichts verweht:
Das ist das Ergebnis im Nummernsalat.

Ich bin zugegen, dem Unrecht Recht zu geben.
Die Missetat liegt längs des Weges
an der Autobahn, aufgeweicht im Regen.

Recht, im Wort, als Zeichen zu leben?
Das bedrückt mich, am schmalen Grad des Steges
auf Treppenstufen das Unrecht zu hinterlegen.

… Step by Step …

27

»Auch die Wirklichkeit ruht auf einem Glauben.
Es gibt gar keine voraussetzungslose Wissenschaft.«
(S. 180)
Das wirft oft der Philosoph auf Ohren, die tauben,
hat Sinn und Unsinn hingerafft,

um die schmalen Stege der Geländestrategie
ins Leere laufen zu lassen. Ich denke, also muss
ich sein. Und kopflos wie das Vieh,
sieht die Menschheit insgeheim des Denkens Nuss!

Da zählt man weiter mit Verdruss ganz leise,
im Regelfall die Regel aufzulösen.
Man mischt und schüttelt das Produkt

und zieht beglückt der Probe: Schluss-Beweise.
Das sind die Experimente, die amourösen
Wissenschaften, die selbst den Glauben schluckt.

… ich weiß, auf Geheiß …

28

»Wahrheit und Irrtum seien
als Stufen der Scheinbarkeit dasselbe.« (S. 187)
Somit eröffnet sich dem Laien
im Ei das quittengelbe

Einerlei. Dem Denken einen Stoß zu geben?
Irrtum als Wahrheit umzubauen?
Tatbestand des Irrtums ist das Leben!
Mögen sich die Wahrheiten dutzendweis' betauen.

Ich schaue hinein und bau den Trugschluss auf.
Irrtum und Wahrheit sind mir sowieso
nur Wörter, Zeichen: Menschlichkeiten!

Sie führen ein der Regeln Lauf
im Irrtum zu sitzen, im Anderswo.
Und ich reihe mir den Irrtum als Wahrheit ein: beizeiten.

… Stufen …

29

»Die Erkenntnis hat den Wert, die absolute
Erkenntnis zu widerlegen.« (S. 172)
Somit zaubere ich aus dem Hute,
das Denken im Worte neu zu bewegen.

»Auch die Wissenschaft ruht auf einem Glauben,
es gibt gar keine voraussetzungslose Wissenschaft.«(S. 180)
Das macht die Allmacht zu wissen: zum Tauben!
Den tiefsten wortlosen Glauben, man rafft:

»Wahrheit und Irrtum seien, als Stufen der Schein-
barkeit, dasselbe« (S. 181) in das Glas, ich denke.
So besprudelt der Schein der Erkenntnis Schatten um
Schatten.

»Wir müssen wieder gute Nachbarn der« (rein)
»nächsten Dinge werden.«(S. 199) Geschenke!
Gedanken liegen durchnässt auf den Matten.

… absolut – absolut …

»Weil das Positive nur auf dem Wege über die Negationen gewonnen wird.« (S. 155)

30

Das Positive: »Der Wille zur Macht«
wird nur auf dem Wege
über Negationen vollbracht,
denn der Stufen Stege,

diese Werte zu widerlegen:
Da bedarf es der alten Dinge – Wort!
Neue Zeichen zu bewegen;
bedarf der Stimmung, Sie, vor Ort.

Das ewig Gleiche zu erleben, ist
eine Augenlust des JETZT,
im Aufgebot Momente zu benennen.

Zeit und Sein werden nie vermisst,
das Schauen, aus dem Wort, gehetzt.
Im ›Ich bin‹ wirst du dich zum Einzelnen bekennen.

… Es ist an der Z e i t …

Teil II

Der Wille zur Macht

Im Anklang: Die Introspektion (psychologisch). Die Fähig-
keit, sich selbst zu betrachten.

Introversion, die (psychologisch)
Konzentration auf die eigene Innenwelt

Intrusion, das (geologisch)
Eindringen von Magma in die Erdkruste

Intrusivgestein (Tiefengestein)

Introduktion (lat.)
Musik – Vorspiel, Einleitungssatz

Der Wille zur Macht – Einführungssatz: Das Wort

Wissen ist Macht,
sagt das Licht zur Nacht.

Selbstbeobachtung wird zum Wissen,
ohne das Ich zu vermissen,
dieses – eine – einzelne Wort.

Der Wille zur Macht
Worte bilden die ganze Pracht.

Die Macht in Gilden,
dort Wissen zu verbilden.
Introspektion: Erkannt ist der Ort.

Aus dem »amor fati«, dem Licht der Strenge,
mit dem Lichte das Selbst zu verbinden,
findet die Verbindung statt, Einheit wie Menge:
die Morgenröte, in der Masse, für sich, zu finden!

Dem aufgewachten wortlosen Ich, in der Spur,
Tag für Tag die Nacht einzubinden: bedacht.
Wissen und Wille werden dir Kur:
Sein und Zeit als Einheit dir lacht.

Der Wille zur Macht, z. B. Introspektion, die Selbstbeobachtung. Sich selbst zu beobachten ist die eine Möglichkeit, sich selbst besser verstehen zu können; und zweitens dadurch auch den anderen!

So sagt der Psychologe und Philosoph Karl Jaspers in seiner Biographie:
»Mein Gebiet ist der Mensch, zu nichts anderem hätte ich dauernd Fähigkeit und Lust.«
Durch seine Ehe mit einer Jüdin wurde er für seine Heimat Deutschland dann nicht mehr tragbar. Man entließ ihn aus seinem Amt an der Universität. Seine Frau zog dann in die »Freie Schweiz«, und er harrte in seiner Heimat aus und schrieb hier 1937 sein Buch über »NIETZSCHE«,
aus dem ich hier zitiere, um ihn besser verstehen zu können, und damit mich!
Karl Jaspers, am 13. Feb. 1883 in Oldenburg geboren. Am 26. Feb. 1969 verstorben. Sein Tenor war: »Deutsch war meine Sprache, Heimat und Herkunft.«
Für ihn ist das erkennende Ich, des Ich denke, das Subjekt; Objekt sind die fassbaren Dinge des Erkennens. Dasein bin ich als Materie, als Leib, Seele als alltägliches Bewusstsein ... Seine Selbstbeobachtung!

S. 382 – »Ist man geübt und gewohnt, über das Handeln nachzudenken, so muss man doch beim Handeln selbst das innere Auge schließen. Ja, im Gespräch mit Durchschnittsmenschen muss man es verstehen, mit geschlossenen Denker-Augen zu denken, um nämlich das Durchschnittsdenken zu erreichen und zu begreifen.«

Durchschnittsmenschen? Manches Mal ist's der andere Glaube, auch bei Nicht-Durchschnittsmenschen, der mir, trotz geschlossener Denker-Augen, den Atem stocken lässt. Gehe ich noch einfacher bei den Höherdenkenden vor, dann komme ich an Machtblöcken verbohrter Wissenschaftler auch nicht vorbei. Wie soll ich mich dort noch selbst betrachten? Dunkelheit umfängt mein Auge, meinen Sinn. Und immer der Andere denkt dann: Ich bin der Blinde, der Unterdurchschnittsmensch. Also versuche ich, mir selbst eine Umwertung meiner Gedankenwelt vorzunehmen.

So nahm ich Platz in K. Jaspers Werk über »Nietzsche« und versuche in mir den Anderen zu sehn! Von Selbstbetrachtung zur Selbstbetrachtung mich ein wenig besser zu verstehen: das Verstehen, mich selbst zu begreifen. Sein Schließen (K. J.) öffnet drei Gedankenweisen: Die Einheit des Ganzen – die Transzendenz – umgreift substantiell als letzten Ursprung alles andere! Die Vernunft verbindet im Denken, so K. J. weiter, alle Ursprünge miteinander. Das Leben selbst ist der philosophische Glaube aus der Gewissheit der Einheit dieser Ursprünge.

Das, zu Beginn von Teil II, ein paar Gedankenanrisse, die ich hier, als Teil, mit einflechten möchte, sie meinem Atem einzuverleiben.

»Transzendenz ist das Andere, das aus sich selbst ist.« Mein »Der Wille zur Macht« beginnt im Grunde mit einer Selbst-Betrachtungs-Beobachtung im Sinne des »amor fati«, liebe, lebe dein eigenes Schicksal. Somit werfe ich die Begriffe Jaspers, Nietzsches, Heideggers usf. in die große Waagschale des Erkennens, um so wenigstens Teilchen für Teilchen in meine Gedankenwelt, Sie, einführen zu können. Obwohl jede Selbstbetrachtung stets wortlos beginnt ... als »Wille zur Macht« zu leben.

Das Ich, das Außenvorstehende, das glaubt, Objekt und Subjekt für sich sprechen zu lassen, um dann das Erkannte als das

Wahre herauskristallisiert zu haben, Es (dieses Ich) handelte oberflächlich! Denn: Objekt und Subjekt als Einzelnes zu betrachten, schließt bei beiden wieder zwei (2) Faktoren ein, die A Introspektion und B die Empathie, die Fähigkeit, sich in andere hineinzuversetzen! Objekt und Subjekt enthalten je A wie auch B, und so geht die Aufschlüsselung weiter, bis zum Kleinst- oder Größtmöglichen hin. Und dort löst sich Ich = Ich auf in ein unendlich fragendes Wesen: das wir, aus dem Affen geboren: Mensch nennen. Jetzt liegt es an uns, zum Affen zurück oder den Menschen zu überwinden: Das ist die Gewissensfrage: Es ist an der Zeit ... wenn nicht JETZT, wann dann?

Aus Karl Jaspers »NIETZSCHE« in das Verständnis
seines Philosophierens.
»Der Machtwille, das Leben selbst!« (S. 12)

II/1

»Der Wille zur Macht«, ein Nietzsche-Wort,
ruft auf, im 3. Reich: zu töten.
Der Wille zur Macht, an den Ort,
um nicht in Dummheit zu erröten.

Der andere Wille zur Macht ist das Sein,
mein »amor fati«, liebe, lebe dein Eigen-
Schicksal: Gespalten ist der Stein.
Der Wille zu lieben möge zeigen

das, was in deiner Einheit Macht: erdacht.
Stumm sitzt du vor dem Wähler-Kreuzchen
und zeichnest brav dein Zeichen an die Wand.

Und die Regierung reibt sich das Fäustchen sacht
und schnurrt im »Willen zur Macht« wie das Käuzchen:
Für Gott und die Macht, wie gehabt – fürs Vaterland!

»Je abstrakter die Wahrheit ist, die du lehren willst,
umso mehr musst du noch die Sinne zu ihr verführen.«
(S. 372)

2

»Je abstrakter die Wirklichkeit ist,
die du lehren willst, um so mehr
musst du noch die Sinne« (mit List)
»zu ihr verführen.« So ungefähr

bildet das Ungesagte ungereimt
die stille Einkehr, Einfachheit zu achten.
Der Wille zur Macht, das Wort vereint
im Kennzeichen fort, vom Umnachten

Hin und Her, wie die Waage am Horizont
den Abend kürt, sich selbst zu betrachten.
So fleht der Mond den Himmel leer.

Und die Sinne frohlocken: Tag! Besonnt!
Das Auge tränt, Resultate zu beachten:
Dann trinken wir gemeinsam alle Sinne quer.

3

Das Soll und Haben, so zieht
sich dieses Maß und Ziel durch das Sein!
Pflicht und Plagen geschieht
als Fürsorge so ganz allgemein!

Es gibt eine globale Hilfsbereitschaft,
hat man dieses Leid der Menschen gesehn
auf der Flucht: der Heimat – Verzicht?
Ob Afrika, Iran, Irak, ich muss gestehn,

Weltkrieg überstanden: als Deutscher fürwahr.
Heute als Rentner die Gesichter zu verstehn,
die gequält übers Meer, Säuglinge im Arm,

in den nächtlichen Himmel, dem toten Altar:
… ihrer Heimat vergehn!
Ich? So im Herzen ›Das‹ selbst erlebt: Alarm, Alarm!

… Nacht für Nacht …

4

Der Schmerz, die Krankheit zu stunden,
ist, so, ein kleiner Wille zur Macht.
Mit einem tiefen Atem zu gesunden,
das ist der Alltag in seiner ganzen Pracht.

S. 117 (F. N.) »Ich nahm mich selbst an die Hand,
ich machte mich selbst gesund:
Die Bedingung dazu ist die (die ich fand),
»dass man im Grunde gesund ist«. Der Befund,

den Geist zu stillen in der Schrecksekunde
des Verstehens, in der Krankheit Maul zu sehn:
die tiefste Offenbarung, gesund zu sein.

Im Geiste der Genesung selbst die gesunde
Gehirnzelle zu füllen: zu verstehn!
Der Wille zur Macht ist dort der Seele Blümelein!

5

S. 113 (F. N.) »Die Krankheit brachte mich
erst zur Vernunft. Krankheit ist
jedes Mal die Antwort, wenn wir« (in sich)
»in unserem Recht auf neue« (List)

»Aufgaben zweifeln wollen, wenn wir
anfangen, es uns irgendwie leichter
zu machen, unsere Erleichterungen« (hier)
»sind es, die wir am härtesten« (seither)

büßen müssen!« Der Wille zur Macht
löst das Begehren ein, selbst im Stillen
das Licht der Wahrheit zu zünden.

Gesundheit ist doch nur der Verdacht,
zu lösen des Gedankens – Wille:
Jeder Pulsschlag wird im Aufwind münden!

… überdacht …!

Karl Jaspers: »Jede Philosophie ist eine Vordergrund-
philosophie …! Jede Philosophie verbirgt auch eine
Philosophie!«

6

In dem Sessel der Geborgenheit
am heimischen Herd
der Sonne wärmende Eitelkeit
mir mein Herz erschwert.

Es gibt im Leben manchen Willen,
etwas zu verwerfen, etwas zu verstehen.
Prompt steht der Wille auf, zu stillen
alles, vom Standpunkt aus, neu zu besehen.

Jede Philosophie birgt These und Synthese in sich,
das ist das Gesetz des Sprachverstehens,
also schließt der Wille zur Macht sich an,

neu das Alte zu gestalten. Und abendlich
begann im Verwalten das Alte, das Neue zu besehen:
Alt und Neu sind identisch, dort, wo jedes Wort begann!

… es ist an der Zeit …!

»Wer tiefer denkt, weiß, dass er immer Unrecht hat, er mag handeln und urteilen, wie er will!« S. 208, F. N.

7

Dort, wo die Kugel zur Fläche wurde

Im Blickpunkt wird jeder Gedanke eine Kreis-
Emboli, die verstopfte Idee, jede Weite
mit Rundungen zu versehen, als Beweis:
die Kugel, eine Fläche, sie in der ganzen Breite,

wie das geöffnete Hemd in der Sonne,
wenn das Lüftchen seinen Ausschnitt fand.
Ich machte aus jedem Kreis, jeder Rundung mit Wonne,
mit Unendlichkeiten versehen, zum Parallelen-Verband,

diese Kreise aufzugeben. Jede Biegung war gelogen
durch den Blickpunkt Mensch, nur Kreise, gebunden
im Gesichtsfeld, beschränkt, als Kreis zu verstehn.

Meine Gedanken zerreißen, gedanklich bezogen,
die Kugel zum Punkt, ich, in der Parallele zu gesunden,
jede Biegung als grenzenlos mit Gedanken zu versehn!

… Verstehen, welch ein Begehren …!

»Der Rang ihres Lachens bestimmt den Rang des Philosophen!« S. 244

8

Meine These, ganz unphilosophisch gedacht,
ist eine unentdeckte Parabel,
die mir ins Antlitz lacht,
denn dieser Rang wird mir zur Fabel,

zu trösten jene Müßiggänger
im Willen zur Macht, philosophisch zu sein,
im Rang der lächelnden Sänger
ist er, ordentlich und stilsicher: rein?

Der Wahrheit zur Ehre,
im Stellenwert ihrer Ränge,
ruhig, gelassen, nicht gehetzt

sich mit Formeln zu prügeln ohne die Leere.
Und ich? Unphilosophisch in meiner Strenge:
›Wer immer lacht, der lacht auch zuletzt!‹

»Ein Individuum zu bedeuten ist nicht Lust, sondern Strafe.« S. 237

9

Selbst zu sein ist nicht Ich-gebunden.
Das Individuum lässt Fragen offen,
jene, die dem Selbst betroffen
im Außer-Ich, könnten gesunden.

Somit formt der Mensch, das Wesen,
seinen Auftritt auf der Lebensbühne.
Und es fragt im stillen unbewussten Lesen:
Wer ist da Liliput und wer ist der Hüne?

So gehe ich ganz wortlos durchs Gestade,
versuche aus dem Worte Ich, im Rahmen
das Eine, dieses Wesen Ich, zu belohnen.

Und? Befinde mich in der Parade,
ganz locker dort der Wörter Samen,
mit Hand und Mund mich selbst zu bekronen.

... behütet, ohne Hut ...!

10

»Es gibt den wahren Philosoph'«,
so Karl Jaspers, »der weder Boden noch Leere
hat, sondern eine Tiefe«, im Vorhof,
»die sich offenbart, sodass kein Ende« (die Schwere)

»zu ziehen ist. Sie ziehen sich hinein,
ohne sich im Stich zu lassen.« Der Grund
dieser bodenlosen Leere ist der Schein,
damit Wort und Ort gemeinsam gesund

all die Leere mit jedem Boden zu bestücken,
das wahre Wahr für sich aufzurollen,
den Geist von all dem Boden zu befrein,

das große Rund der Lichtdioden zu beglücken,
im Willen zur Macht, der Wahrheit Wollen
in der Leere auf dem Boden: lebend, zu sein!

… Leere wird zur Fülle …!

11

»Transzendenz ist die Form der Erscheinung
im Dasein, durch die allein dem Menschen der Gehalt
des Seins seiner selbst gegenwärtig wird.« Die Meinung
Jaspers nimmt Formen an und Gestalt.

In meinen Sinnen formt das Wort
die Formen! Alle Normen bestimmen
im Übermenschlichen den festen Ort:
Der Blumenwiese man so die Farbe nimmt.

Um dem Erwachen aus der Einzelhaft
des Farbenallerleis zu erkennen
das Einzelne, Nicht-Transzendente,

das den Horizont mit Farbe berafft?
Ohne das Wunder der einen Blume zu benennen,
»den Willen zur Macht«, mein Ich zertrennte!

… Farbe als Einheit, oh wie lacht …!

12

Intrusion – Eindringen von Magma in die Erdkruste

»Ich, der letzte Jünger und Eingeweihte
des Gottes Dionysos«, frohlockte Nietzsche. Und?
Jaspers hält dagegen sein Wort. Das Gescheite
Alles wird im beginnenden Wahne bunt,

in ihm faktisch vollzogen:
Gott des Weines, des Rausches, der Frucht-
barkeit: die ganze Tiefe, ungelogen,
entfremdet den Begriff: »Gott ist tot!« Flucht

in das Reich der Offenbarung des Seins,
das Transzendente zu bewegen,
als letzter Jünger Neues zu kreieren.

Der Wille zur Macht als Intrusion ganz fein,
das Wort als Eindringen von Magma – als Segen
in die Haut –, um die Gefühle nicht zu verlieren.

13

Introversion

»Der Wille zur Macht« wird mir zur
›Konstruktion auf die eigene Innenwelt‹.
Tiefer gedacht als der Morgenröte Schwur:
Ich, ein Wort, zum Lichterfeld.

Sich selbst zu betrachten ist geschweige
ein Bekenntnis dem eigenen ›Ich bin‹
gegenüber. Sonst ginge alles Wahre zur Neige,
sich zu reflektieren im Schein als Beginn!

So gehe ich durch leere Räume,
verlasse das Subjekt, um mich fortan
im Objekt zu erfinden. Diese Macht

erst ast-los, dann blätter-los die Träume!
Aus dem Willen zur Macht wird Ballast – der Plan –,
nicht selbst im Selbst sich zu verlieren: über Nacht!

… Subjekt: Geist, Objekt, werde Körper …!

»Einer hat Unrecht: Aber mit zweien beginnt die Wahrheit.« S. 399

14

Jesus sprach das Volk an.
Als Religionsstifter er sich gab.
Macht der Masse (zu zweit) voran.
Nietzsche dagegen brach den Stab:

allein. Der Wille zur Macht soll's sein!
Partei heißt: Ich rede wahr.
Nietzsche, ein Außer-Christ im Schein:
durch Zweifeln kommt man zum Glauben – klar.

Ich sage: Durch Zweifeln kommt man zum Wissen!
Wobei Glaube Nichtwissen bleibt.
Lasst Musik erklingen:

Vor jedem Wort ist Einzelnes zu sehen. In den Rissen
spiegelt sich »eins und zwei« einverleibt.
Zu zweit wird man im Wahr sie besingen!

… Ich wurde Zeit …!

Karl Jaspers: »Nichts wird uns fertig gegeben, sondern nur sofern wir es durch uns erringen.« S. 454

15

1. Semester: Kant. Und sie wissen.
2. Semester: Marx. Und sie glauben wieder.
Ich möchte es – dieses Mal – nie missen.
Glaube kehrt ständig in die Glieder:

das Wunder ›Apfelbaum‹ war bemalt.
Und siehe da, Engel trugen die Früchte HEIM!
Der Baum selbst schon lange entwurzelt: bezahlt
von Sokrates: »Ich weiß, dass ich nichts weiß.« Dieser Keim

hielt Einzug in den Bach, das Fließen
zu regeln. Die Wiese nimmt die Adern auf.
Das Flussbett, Begehr von Krähe und Reh:

Antworten fließend in den Morgen zu gießen.
Das Abstraktum ist somit der Welten Lauf.
Nichts wird uns fertig gegeben: oh weh!

… fertig, auch das, ein neuer Beginn …!

»Nur wer sich selbst wandelt, bleibt mit sich verwandt.«
S. 457

16

Ich bin Gehender, im Willen zur Macht.
Im Sinnen Flehender! Meine Wurzeln Erde,
Strauch, einer Wiese Blütenpracht.
Im Windspiel der Blätter im Baum, ein Werde,

Teil der Sinfonie! Gut und Böse aufzulösen?
Die Schein-Kategorien-Bilder, gedacht
im Parallelenlauf, die Rundungen, vom Dösen
zu befreien! Sein und Zeit, verlacht

die Endlichkeiten, vom Wort her zu verstehen.
Das Vakuum der Verwandlung: das Ergon lüften!
Energien zum Strömen zu bringen.

Den Willen zur Macht als wahre Energie besehen.
Zu sprengen die toten Kreise in den Grüften.
Wandelndes Öffnen, mein, mir geistiges Singen.

… Töne, die mir Wörter wurden …!

17

Rückkehr: nach vorn

Des Wanderns müde, ruhe ich aus.
Auf einem alten Eichenstamm
die Sonne, mein Wort. Beblinzelt ist das Haus
auf des hohen Gipfels Kamm.

Ich spüre die Saat der Gedanken:
schneebepackt. Der Wille zieht auf,
mächtig zu sein. Die Form der Schranken,
sie nehme ich lusttrunken in Kauf!

So ziehen die Sinnes-Wörter dahin, ungesagt,
befreit von Zeit und Raum.
Der Wandersmann entlockt dem Tau

des Morgens erste Flüstertöne. Er klagt:
»Hier ging Großvater ins Moor.« Der Traum
der Morgenröte glutig versöhnende Schau.

18

Bachgesang, du Tanz zur Nacht
dem Wort: das Meer! Gesänge,
die die Stille stören. In all der Pracht
Natur in »nackter Kinderbeinen Länge«

nachzuvollziehen. Hier badete ich oft
mit Fliegen und Mücken. Aus Fluggeräten wird
das Land desinfiziert, tot-gespritzt. Man hofft
in der ewigen Wiederkehr des Gleichen, unbeirrt

die Minze am Bachrand wiederzufinden.
Lauschiger Gesänge: Wiederkehr. Die Ränge
der Liebe Macht und der Worte: Glück.

Chlorophyllgetränkt die Verästelung der linden
Gräseradern. Möge der Wille zur Macht die Gesänge
befrein. Mein Frühling erneut im Glück: zurück!

19

In der Ekstase
sich selbst zu benennen,
so begann der Spuk, die Phase:
das höfische Selbstbekennen,

in der Endphase dem Willen
jene Macht zu verleihen,
mit schrecklichen, menschlichen Pillen,
sich jede Lüge zu verzeihn.

Der Trug: »Ich denke, also muss ich sein«,
zerfiel in der Zerstückelung
des Aufbegehrens hin zur Göttlichkeit.

Naturgegeben: Abstammung »Affe«, so das Latein,
erhob sich aus der Erschütterung,
das Trugbild Mensch in Sein und Zeit.

20

Die Macht gebar den Willen
zu lieben, zu töten:
so das Patentrezept der Grillen,
um nicht im Unwahr zu erröten.

Ich ging in den Fieberwahn hinein,
den Willen zur Macht erkannt zu haben.
Befleckte mich mit blindem Schein
der ergebenen mächtigen Gaben.

Mensch des Wissens insgeheim
mächtiger als alle anderen zu werden,
um Stärke zu demonstrieren.

Da begann der natürliche Keim
sich zu fragen: Lebst du in Herden?
Zum Affen zurück! Dein Ich zu verlieren?

... es ist an der Zeit ...!

21

Besetzte Grenzen frohlocken Ziele auszumachen.
An der Grenze des Seins dem großen Schabernack
saß ich und die Hände an der Feder, den Nachen
zu steuern, das Boot mit dem Wörter-Frack:

die Tiefe an der tiefsten Stelle auszuloten.
Das Maß an sich war das Wort, der Begriff,
den Anker zu lichten, Ahnungen auszuloten,
die in die Tiefe mich zogen. Es blieb ein Riff

der Gedanke, das Sein im Sein zu finden.
Der kleinste Teil ist immer die Illusion,
den Kosmos zu umrunden: Sinn und Zweck

dieser Lichtidee, sich in einen Schatten einzubinden.
Da stieß ich an eine Wand aus Beton:
ein neuer Anfang. Das Boot schlug leck!

22

Jede Runde, geboren, fördert den Sinn,
zuhause zu sein. Am eigenen Herd
das Süppchen aufzubrühen, das So-Sein
im Was-Sein die Tür beschwert

als Gabe, sich selbst zu benennen:
Zeit und Sein auf den Tisch zu legen
wie das Huhn und das Ei, um zu erkennen:
Sein ist Zeit und Zeit ist Sein. Belegen

wir die Zeit, sind wir im Sein, wie umgekehrt
in der nächtlichen Maskerade. So trug
der Mond die Fackel Nacht herbei.

Und die Frage blieb: Wann gebärt ganz unbeschwert
der Tag den Tag? Da hatte die Zeit endlich genug,
vereinte sich: wie Zeit und Sein in »Huhn und Ei«.

23

… macht die Macht die Macht?
Oder ist's der Wille,
der die Macht bestimmt? Die Nacht
ist mir der Gegenpart der Stille,

in der Dunkelheit zu sagen: Ich will
das Licht und erwarte somit den Tag.
Ist er da, dann ist der Grill
schon lange in Glut, und ich frag:?

Der Wille zur Macht
machte die Nächte zum Tage,
und die Synthese

erfror in der neuen These Pracht,
weitergegangen zu sein? Die Sage
ergab sich als Symbol: der Tag/Nacht Genese!

24

Offenbarung, das ist Sehen,
die Augen schließend,
im Innersten verstehen
der Worte Schwall, fließend,

keinen Einhalt gebietend.
Dem Selbst entlehnt zu tagen.
Größtes Licht sich aus dem Tage mietend
im stillen Kämmerlein, die Nacht zu erfragen:

Ist der Wille allein die Macht, oder
doch die Macht zu wollen?
Sich durch all die Türen zu zwängen,

Engpässe durch Wort und Wörter belegen. Moder
dringt ein in die Wurzelknollen:
den Willen, die Macht gemeinsam zu erhängen!

25

Der Wille zur Macht
beginnt oft: dass Wissen in sich
das Macht-Wissen ist, und verlacht
den Hintergrund, das Eigentliche, für den Abstrich,

um ein Krankenbild zu orten.
»In dein Auge schaute ich jüngst, oh Leben!«
Mit diesen Zarathustra-Worten ...
fand Einsicht ich in deiner Wörter Geben,

Wissen mit Wissen zu verstehn.
Der Wille zur Macht
wird im Außen sich lüften,

im Augen-Schein, ›dass das Ansehn‹
nie den Menschen verlacht.
Der Wille zerlegt die Wahrheit in den Grüften.

26

Ich will, sprach der Tag.
Und die Nacht gebar den Frieden.
Die Macht, an sich, ich frag:
ist Sein und Zeit nur verschieden?

In Wort und Reim sie eingegliedert
im Trotzen, der Mächtigste zu sein?
Wie ein Pfau, der Wörter Rad gefiedert,
streift das Intrusivgestein

aus der Tiefe empor,
versucht ein Wort zu werden.
Spricht wie der Menschheit Licht

vom »Ich will«. Und was kam hervor?
Ich bin der Herr auf Erden:
So erfand man die Pflicht …!

27

Intrusion

Geologisch besagt dieses Zeichen
das Eindringen von Magma in die Erd-
Kruste. Die Selbstbeobachtung, sie muss weichen
dem Sternbild der Innerlichkeit, am eigenen Herd

dieses Süppchen zu kochen. Als ob
die Seele von innen die Haut beglüht,
das Wissen mit Macht, wie der Bob
in der Steilkurve, wenn die Kufe Funken sprüht.

Das Innerste nach außen sich verflüchtigt.
Die Erde selbst sei mein Zeuge,
dass ich dies Wissen nicht zur Macht erhebe,

aus dem Trunken heraus Sein und Zeit
in meiner Haut ich beuge …
mein Magma, das Wissen, der meiner Seele Strebe!

28

Das Kleid ist mein Wort, der Stoff,
aus dem das Zeichen formt den Reim.
Der Auftrieb der Rinderherden ganz schroff
gesehen, wenn am Alpenrand der grüne Keim

von Rindermäulern aufgelesen,
den Auftrieb hin (bei mir das Wort) zur Alm
im Schweizer Land: Bin dabei gewesen,
wenn (ich die Begriffe) sie Halm für Halm

die grünen Gräser, so äsend …!
Dann ruhend, sie (wie ich) wiederkäuend, handverlesen
wie meiner Wörter Kleid: sie Buchstaben-Land.

Den Stoff zertrennend, Gedanken – fräsend:
Lyrik, ohne Instrumente, vom Wollen genesen
in meiner Seele Mächte, als Sonett sie gespannt.

29

Mein Tageswerk ist nicht das Sinnen,
Wörter aus dem Ärmel lösend,
in die weißen Blätter einzuspinnen.
All das geschieht leicht, froh und dösend

am Hang eines Haines, Blätter bestaunend.
Sie, die im seichten Säuseln mit mir reden,
meine Gedanken aus den Wolken raunend,
sie, mir Zeichen gebend, aus dem Garten Eden,

der noch schwarz, frisch gepflügt, sich gesonnt
auf die Keime, von Menschenhand gesät,
wartend, auf die Besamung, durch das Werden.

Zuerst Keim, dann Spross, dann im Alter, gekonnt
sich vom Willen zur Macht gelöst, er rät:
in der Zeit eins zu sein: mit dem Sein auf Erden.

… meine Zeit …!

30

»Der Wille zur Macht«
ist der Gedanke: zu leben.
Im Traume dir gebracht,
erfüllt sich Glauben im Geben.

Introduktion, der Einleitung Gesang
bringt die Vision
mit Musik, wortlos deinen Gang
als Einklang, die Emotion

in der Macht, den Willen zu verstehen!
Den Bestimmungsort fürs Ich
nicht in Zahlen zu zerlegen.

Der Wille zur Macht ist das Sehen,
Prioritäten gesetzt: köstlich
als Einheit stets sich zu bewegen:

… es ist an der Zeit …!

Teil III

Die ewige Wiederkunft des Gleichen

Im Anklang: Die Fähigkeit, sich in andere hineinzuversetzen. Die Empathie! (aus der Psychologie)

III/1

Ich = Ich, und damit NEU geboren,
so vollzog sich in mir Fichtes Theorie.
Subjekt/Objekt in EINS (1) verloren,
gebar das Wort in mir: Massenphilosophie!

Getrennt, dann die Fähigkeit, sich
in andere hineinzuversetzen, begann
das empathische Gebären, mich
zu verlieren, im Angesicht der grünen Tann',

die Nadeln zählend, um, an ihr, Ich (=) gleich
Ich heranzukommen. Dort gab ich die Wörter auf,
ging gelassen von dannen, um zu gesunden:

den Tisch zu decken – den Wörterbereich –
im verlorenen Tannengrün, der Weltenlauf.
Ich hatte mich am Tische Wort – wieder – eingefunden.

… Ich blieb Ich, wie gehabt …!

»Die ewige Wiederkehr des Gleichen«:
Der ungarische Philosoph G. Lukács sagt, dass im »Trunkenen
Lied Nietzsches« all das enthalten ist! Zitate aus: Also sprach
Zarathustra: mit Seitenangabe.

S. 285: »Hörst du diese Glocke Mitternachts, die Stunde schla-
gen, so denkst du zwischen eins und zwölf daran.«
»Damals aber war mir das Leben lieber als je alle meine Wahr-
heit.« Also sprach Zarathustra: Die Uhr schlägt ...
Eins! Oh Mensch, gib Acht!
Zwei! Was spricht die tiefe Mitternacht!
Drei! Ich schlief, ich schlief!
Vier! Aus tiefem Traum bin ich erwacht:
Fünf! Die Welt ist tief.
Sechs! Und tiefer als der Tag gedacht.
Sieben! Tief ist ihr Weh.
Acht! Lust – tiefer noch als Herzeleid!
Neun! Weh spricht: Vergeh!
Zehn! Doch alle Lust will Ewigkeit –
Elf! – will tiefe, tiefe Ewigkeit.
Zwölf: *
* *

S. 395–404: So enden im »Das Nachtwandlers Lied« mit den
ersten Worten dieses Trunkenen Liedes die letzten Sätze mit
diesen Zeilen: Glockenschlägen, von 1–12 seine Thesen, die
mit all den Glockenschlägen an dieses JETZT, dem ewigen
wahren Vergangenheitsimpuls, den wortlosen Übergang von
Sein und Zeit in Einheit binden.
   Der Gedanke der ewigen Wiederkunft des Gleichen ist mir,
außerhalb von Wort und Glockenschlag, außerhalb aller Vor-
stellungskraft eingegeben: als jene Vorstellung in diesem Mo-
ment des uneinnehmbaren JETZT und doch als Zeit, mir den
Sinn einzugeben: zu leben! Das Wahre an dieser Erkenntnis des

92

uneinnehmbaren Gedankens, das Zeit-Sein in seiner Kleinstform erkennen zu können, gab mir den Gedanken ein, diese Glockenschläge: als vergrößertes Maß dieser aller JETZT-Momente als Lächeln eingefangen zu haben, etwas Ewiges erkannt zu haben, allein durch die Tatsache: des Gewesenseins dieser Weltuhr, die zeit- und sein-los uns den Tag in Licht und Dunkel gebären lässt! Im Dämmerzustand dann: »Ich denke, also bin ich.« ›Ich liebe, lebe mein eigenes Schicksal.‹ Aufgenommen als jene ewige Wiederkunft des Gleichen!

Dieser Glaube, dieses unfassbare JETZT als Moment erfasst zu haben, bleibt ein Glauben, der sich zum wortlosen Wissen in meinem Innersten sich Platz verschaffte! Dieser wortlose Lichtstrahl eines einzelnen Sonnenblinzelns: unteilbar, aber doch mich fühlen lässt, diese Gedankenfülle Leben, dem All als ein Blinzeln zurückgebend, hier Wort werden lässt … obwohl es EWIG wortlos bleibt. Ein Glockenschlag, unhörbar und doch gehört!

III/2

Mitternacht, Teil des Tages

Morgenröte, Abendröte:
Vollbracht ist, das Unaussprechliche
zu vergessen, all die Nöte,
gefühls-unvergessliche

Momente, wo das Wort im Licht verbrannt.
Die Hände geben Leben:
Ich schreibe! Tiefst gebannt
vom »Himmlischen Leben«.

12 Uhr zeigen BEIDE!
Rötlich bis glutgetrimmt
erfüllt sich mein Sehnen.

Mittag und Abend im Kleide:
eines wunderbaren Augenblicks beginnt
diesen Gedanken dem Sein zu entlehnen.

S. 427 – Karl Jaspers: »Philosophie als Solches führt weder zu Gott noch von Gott fort, sondern geschieht aus dem Ursprung transzendentaler Bezogenheiten des Selbstseins.«

3

»Die Vielheiten sind gefunden,
um Dinge zu tun, denen
der Einzelne nicht den Mut hat zu gesunden.« S. 288
(F. N.)
Empathie wäre hier zu erwähnen.

Das unumgängliche Gefühl – Glauben
in Wissenschaft umzuwandeln: Philosophie?
Dem Titel der Einheit das Ich zu berauben?
»Wohin ist Gott?«, fragt Nietzsche. WIE

sollt' er antworten? »Wir haben ihn getötet,
Ihr und Ich.« Das Gelöbnis, ob Dionysos
der griechische Gott des Tanzes, der Fruchtbarkeit …!

Ich stehe da, das Ewige, in sich errötet,
kommt zu einem ewig gleichen Schluss:
Glauben ist stets außerhalb von Sein und Zeit: …

… wortlos allemal …!

»Man muss verstehen, sich von Zeit zu Zeit zu verlie-
ren – und dann wiederfinden.« – S. 383

4

»Man muss verstehen,
sich von Zeit zu Zeit zu verlieren.«
Das ist das unumgängliche Sehen,
um sich nicht allein im Wort zu zieren.

Mächtig sich in andere hineinzuversetzen
im Angesicht der Dinge, das Haupt-
Wort ›Ich‹ nicht zu verletzen
in Anbetracht der Sühne, glaubt

man dann, niemanden verletzt zu haben.
Sich zu verlieren bedeutet: Neugestaltung
des verlorenen Sehens, entfremdete Zeit.

Sich wiederzufinden bedeutet alle Vorgaben
einzufrieren, um in der Lichtspaltung
das Ich gefunden zu haben, vom Eis befreit.

5

Der Glocke Laut schlägt an den einen Ton:
Es ist vollbracht.
Die erste Stunde stürmt davon
von 0 bis 1, vorbei die Mitternacht.

Der Tag begann. Minuten, Sekunden
belegen die Herzschläge. Töne: gegeben,
so mögen Zeit und Sein gesunden.
»Oh Mensch, gib acht.« Leben zu weben.

Der Mond in seinem Laufe lächelnd
dem Erdmenschen ein Schmunzeln schenkt,
all die Stille friedlich zu umfrieden.

Der Glocke Ton im Nachtgewand fächelnd.
Dir, dieses »Oh Mensch, gib acht« gelenkt.
Atemzug um Zug: Eins, und doch endlos verschieden!

6

Die Uhr schlägt zwei. Was spricht die
Mitternacht? Sie träumt in weiten Gefilden
vom Sonnenaufgang, der Galerie,
den Tag in Stunden neu zu bilden.

Auf der Kuppe Berg, in der Höhe,
tönt das Echo noch lange nach,
und im Rauschen der kurzen kräftigen Böe
verklingt so langsam das nächtliche Ach,

wäre mir doch der Tiefschlaf beschieden.
Das Träumen zuckt durch der Lider Paar:
Die Pupillen blinzeln: »Was spricht die tiefe

Mitternacht?« Und im Traume mieden
sich der Glockentöne Stunden Schar –
als ob dich jemand bittend: r i e f e !

7

Die Uhr schlägt drei. »Ich schlief,
ich schlief«, und in der Regung Aderlass
gebar der Kreislauf dich, er rief
das Herzblut in des Körpers Fass,

pulsierend, im Traume den neuen Tag
zu erwarten. »Ich schlief«, und doch, die Runde
Kosmos, Wesen, gab mir diesen Glockenschlag,
alles Leid, der Schmerz zu jener Stunde,

vergessen war: »Ich schlief«, und doch
fing das Gesicht die Träume auf, zu stunden
das, was am Vortag dir in deine Seele kroch,

im Schlaf der Ewigkeit, dem Traume noch
entzückt, den Tag auf seine Art zu gesunden!
»Ich schlief, ich schlief«, gestundet war das Joch!

8

Die Uhr schlägt vier –
»Aus tiefem Traum bin ich erwacht« –,
Kaffeezeit, sagt ich mir:
Da erwachte ich: vier Uhr in der Nacht.

Mittag und Mitternacht sind ein JETZT,
ein Nichts und doch beide zwölf Uhr
im Handgemenge des Verstehens, verletzt,
beide: Sonne, wie Mond, in der Statur,

sie wort-, raum- und zeitlos im Gewesen,
die Stunden aufzuschlüsseln?
Wann wird aus dem Grase Heu?

Da wand sich das Un-Wort Verstehen mit Scheu
in den Raum und in den Boden-Schüsseln
die Knospe Gras im Tau und der Sonne Wesen!

9

Die Uhr schlägt fünf.
»Die Welt ist tief«,
tiefer sind die Sümpf'!
Ich lief, im Traum, oh, ich lief,

um den Erfüllungstrank zu sehen,
in die Hand zu nehmen.
Ich wollt dem Atem, mein Flehen,
mich nimmer zu schämen,

im Schlafe wach zu sein.
Das erste Morgenblinzeln entzündete
meine müden Glieder wieder und wieder.

Im Aufschauen zwischen Sein und Zeit: Allein
der Morgengrüße Süße, sie mündete.
So erwachten sie balde: die müden Lider.

… im Morgenschein …!

10

Die Uhr schlägt sechs!
»Und tiefer als der Tag gedacht!«
Da bemerkte ich den bunten Klecks
am Himmelszelt, der Verdacht

kriegsüberlebt, der brennenden Stadt
zu entkommen. Tote, brennende Gefilde!
Ein Zebra aus dem Park fraß Blatt an Blatt
des umgestürzten Baumes: Morgenrot-Milde.

Der zerstörte Zoo. Manch Leben frei
geboren, brach hinein ins Morgenlicht-Grauen.
Manch wildes Tier befreit, wurd' erschossen,

da die Gefahr zu groß dem Menschen sei:
Angriff überlebt, in Raubtier-Rachen zu schauen.
Morgenröte ... mit all ihren Possen!

... Zeit vereinte Zeit ...!

11

Die Uhr schlägt sieben!
»Tief ist ihr Weh!«
»Mein Unglück, mein Glück.« Geschrieben
der Ton, ich versteh

»den wunderlichen Tag. Mein Glück ist tief,
oh Welt, du willst mich? Bin ich weltlich?« S. 400
So klingt der reine Glockenschlag. Er rief
mich wach, und das unentgeltlich

zu fragen, ob sein Tag zu plump,
tastend nach seinem Glücke
seine Schatztruhe rief. Das Wort

hat klügere Hände, um auf Pump
den Glockenschlag sieben in Stücke
einzureihen: sein Zeichen für den Export!

12

Die Uhr schlägt acht:
Lust – tiefer noch als Herzeleid.
»Ihr Weh käut* sie zurück« ganz sacht – S. 401 –,
verstehe ich der Glocke Kleid.

»Gottes Weh ist tiefer, du wunderliche Welt!
Was bin ich! Eine trunkene süße Leier?«
Folgt dem seinem Tone zugesellt,
das Ich im Sein der großen Feier,

den Tag zu begrüßen!
Das trunkene Lied in des Nachtwandlers Arm
zu trösten? Das Licht zu zünden

nüchtern, wie die trunkene Dichterin, der süßen,
der Trunkenheit Harm
im Glockenschlag mög' münden.

---

* (käut) von kauen –

13

Die Uhr schlägt neun.
»Weh spricht vergeh.«
»Du Weinstock! Was preisest du mich?« Streu'n
will ich mit dir das Weh

auf ein weißes Blatt,
sodass es, von der Morgensonn' besonnt,
vollkommen wird, als Reife! Im Patt
will sterben, das Weh spricht gekonnt.

»Lust will nicht Erben, nicht Kinder,
Lust will sich selbst, will Ewigkeit,
will alles – sich – ewig gleich!« S. 404

Der Glocke Klang im Wort sich gab nicht minder.
Aus der Ewigkeit heraus mein Sein und meine Zeit:
die ewige Wiederkunft, sein Atem macht mich reich!

14

Die Uhr schlägt zehn.
»Doch alle Lust will Ewigkeit.«
Ihr Höheren (Menschen), könnt Ihr's sehn?
Schmerz ist auch eine Lust«, seid bereit – S. 402

»Ein Tropfen Tau, ein Dunst
und Duft der Ewigkeit«,
wo liegt im Öffnen der Sinne meine Gunst,
das Licht zu binden in Sein und Zeit?

»Eben ward meine Welt vollkommen.
Mitternacht ist auch Mittag!« – S. 402
Die Vollkommenheit, Sein und Zeit als eins zu sehen!

Von eins bis vierundzwanzig müsste unbenommen
der Uhren Zifferblatt beziffern, aller Anschlag –
Tag und Nacht als eine einzige Nummer zu verstehen.

… die neue Morgenröte … Tag um Tag …!

15

Die Uhr schlägt elf!
»Will tiefe, tiefe Ewigkeit«
als Lust dem Nichts als Behelf
zu erleben, Liebe von Hass befreit!

»Will Honig und Hilfe, will Gräber, Tränen-
Trost, zu vergilben das Abendrot« – S. 403 –,
ständig zu erwähnen
das tägliche Brot.

Die ewige Wiederkunft des Gleichen
gibt mir den Gedanken auf,
sich selbst zu betrachten

als den anderen zu bestaunen: Zeichen
zu geben dem Widerstreit, den Lauf
der Zeit, als Selbst, allein, zu betrachten.

16

Die Uhr schlägt zwölf.
Drei Sterne, ein gebogener Himmel,
das ist die Stunde der Wölf',
des Nachtwandlers Lieder-Bimmel.

Jugend dahin, nun kam die Nacht.
Der Hund heult, der Wind
winselt, von Trunkenheit bewacht,
das Lied vom lockigen Kind.

Noch einmal, noch einmal, sein Sinn:
Zarathustras Rundgesang begann
von Neuem den Sang von der Wiederkunft.

Höhere wie auch niedere Menschen im Beginn:
Das unwiederkommende JETZT zerrann
als Einheit im Ich: die innere Vernunft.

… Die Uhr schlägt null …
Mittag und Mitternacht sind (1) Einheit in der Num-
mer 12
als Sein und Zeit …!

Der ungarische Philosoph G. Lukács in seinem Werk:
Von Hitler bis Nietzsche: »Ein echter Philosoph ist
der, wer die großen Widersprüchlichkeiten seiner Zeit
analysierend zu neuen säkularen Zusammenhängen
vorstoßen kann! Bei Nietzsche findet man dagegen di-
lettantische, geistreich sein sollende, hohle Konstruk-
tionen, wie die Wiederkunft des Gleichen.«
säkular (lat.), alle hundert Jahre wiederkehrend

17

Alle, sie, die durchlitten,
kehren in Arenen »heim«,
dort, die Menschen, wo sie stritten,
erlischt der Funke: Keim.

Dilettantisch mag er es nennen,
hundert Jahre Ihn zu sehen:
Nicht die Armut zu erkennen,
Nietzsche als Mensch zu verstehen?

Übermensch Er, der mit Zeichen benannte
des Nachtwandlers Lied: und die Morgenröthe schrieb.
Sollende, Wollende: Konstruktionen,

das JETZT als Einheit, als ewig erkannte.
Die ganze Tiefe seiner Gedanken dem Nächsten blieb:
Der Kritiker wollte sich nur selbst belohnen …

… ein(1)hundert Jahre Er verschlief …!

18

Es ist vollbracht

Wie war der Tag?
Er war: wahr!
Warum: Bitte sag's!
»Er war!«

Die ewige Umwertung
aller Dinge, sie
beginnt in der Bedeutung,
JETZT zu sein: wie

säkular,
Tag an Tag
ausgestanden: zu sein.

Alle hundert Jahr'
ich wieder und wieder frag:
»Ewig bleibt er immer mein!«

19

Die ewige Wiederkehr des Gleichen,
ich muss gestehn,
wird stets im Traume mich erreichen
die tauben Hügel des trunkenen Kapitäns.

Der Moment, das JETZT, so allein zu ermitteln:
Wir geben ein Zeichen, so soll es sein.
Man kann das Sein, die Zeit, zwar betiteln,
der Anspruch auf Wahrheit, er bleibt klein.

So strebe ich nach blindem Erkennen,
die ewige Wiederkehr als kleinste Einheit zu verstehn,
und grolle mit mir, dass dieses Gefühl,

das Nichts, und doch etwas zu benennen,
aus der Ferne das Eingebildete zu sehn:
Die Wahrheit bleibt dabei nur ein Kalkül.

20

Die Eingeweide der Nacht,
sie, die umschlungen »gleich«,
ich in der Wiederkunft künftiger Pracht
zu zerren versuche, ins – Wortbereich –,

wird mit Bedrückung daniederknien,
um sich aufzumachen, von Neuem
das Schattendasein »ewig« zu beziehn.
Mit emphatischem Streuen

den Untergrund, die ewige Wiederkunft,
als Gleich dem Subjekt zu offerieren,
gesteht das Wort allein sich ein,

dort, wo die Objektvernunft
sich aufgab, um wortlos zu verfahren,
stellt sich die Ewigkeit ein, im JETZT gewesen zu sein.

21

Wenn das Objekt sich zum Subjekt bekennt,
beginnt ein tiefes Sinnen.
Die Empathie, die Fähigkeit benennt,
sich in andere hineinzuversetzen. Beginnen

ist das Loblied des Freigeistes, im Stillen
das Andere als Ich zu benennen.
In der Selbstbetrachtung, dem Willen
zur Macht, will ich gerne bekennen,

»Ich weiß, dass ich nichts weiß«, so liegt im Rennen
Empathie und Introspektion anschaulich
mir vors Auge zu führen,

dem Objekt ade zu sagen, um zu benennen
das Wechselspiel der Ich-zu-Ich-Befragung: erbaulich
als ein wortloses Ich zu küren.

… es ist vollbracht …!

22

Der Stillstand allein,
ist er gewesen,
wird zum Schein
im Lesen.

Man meint zu erkennen
das Moment des einstigen JETZT
im Worte klar und wahr zu benennen.
Der Gedanke ist nicht das Wort! Gehetzt

wird das Sein durch die Zeit,
den Schlüssel gefunden zu haben.
Das ist das neu geschlossene Tor.

Trotzdem birgt sie die Schulweisheit
mit geistigen Gaben ...
und macht sich im Worte ständig etwas vor! ...

... es ist an der Zeit ...
wortlos zu verstehen, Tore zu sehen ...!
... und das weltweit ...!

23

Es ist an der Zeit, wortlos zu verstehen,
um den Mittag Nietzsches in die Hand zu nehmen,
die ewige Wiederkunft nicht als Versehen:
Tore zu sehen, fort von den Problemen.

Alles als wahr zu bekennen? Das Sein
wird eins mit der Zeit im Mittagskleid,
dem Höhepunkt des Tages. Und der Stein
des Anstoßes macht die Tore weit.

In der Genese zu erkennen, sich in andere
hineinzuversetzen, da beginnend, ich, im Zeichen
die ewige Wiederkunft des Gleichen zu erwähnen.

Wenn der Mittag längst zum Abend wandere
im Licht. In der Mathematik stellt man die Weichen:
Man setzt Zeichen, wird Zahl und beginnt zu gähnen.

… Zahl um Zahl: allemal …!

24

Warum soll die Dunkelheit keine Helligkeit
in sich bergen? Es ist an der Zeit, das wahre Licht
über den Abend hinaus, als Sein und Zeit
einer Zielfreiheit getreu, zu geben, ihr Gesicht.

»Schon das Suchen nach einem Gesamtwert des Sei-
enden
ist in sich unmöglich, weil der Begriff (so Heidegger)
eines Gesamtwertes ein Unbegriff bleibt!« Einem feuer-
speienden
Drachen gleich, schwebt dieser Gedanke gegen ein Riff.

(F. N.) »Die Ziellosigkeit an sich ist der Glaubensgrund-
satz
des Nihilisten!« Dort setze ich mein Ziel. Den Kreis
öffne ich vom Blickpunkt des Betrachters aus. In der
Ferne

erhellt sich mir die Nacht, und meiner Parallele Platz
wird diese ewige Wiederkunft: der Wille – Denken – ist
der Preis.
Und neben mir, in meiner Hand – Stern und Sterne.

25

Der gebrochene Zirkel

Meine Macht kann nicht Ziel an sich
bei mir sein, aus dem Kreis heraus, die Bögen
in Geraden umzuwandeln, um begrifflich
mir zu bezeugen, nur die Energie zu mögen!

Zwischen all den Augenblicken, die mein JETZT
in Lücken reißt, andere Kreise, die im Ergon
Endlichkeiten im Kreis genießen. Das verletzt
meinen eigenen Willen zur Macht in jedem Ton.

Undulatorisch – das wellenförmige Fluten –
als unstetige Kraft zu denken, dem Werden
des Seins meine Prägung aufzudrängen?

Vom Gedanken zum Wort, so meine ich im Guten,
ist ein ellenloses Netz gespannt, auf Erden
ein Zölibat dem Geiste abzuzwängen.

26

Der höchste Wille zur Macht ist, dem Werden
den Charakter des Seins aufzudrücken.
So möge die ganze Vielfalt auf Erden
in meinem ›Ich bin‹ mit tiefstem Beglücken

das Leben selbst mit all der Hingabe bewegen:
Kreise zu öffnen, die in der Übernächtigung
der höchsten Lust Befriedigung belegen.
Der Wille zur Macht ist das Leben in der Bestätigung.

»Dass alles wiederkehrt, ist die extremste
Annäherung einer Welt des Werdens an die
des Seins: als Gipfel der Betrachtung.« (F. N.)

Der Übermensch ist sozusagen die bequemste
Auslegung, das Wachstum der Menschheit als Galerie
zu postulieren. Es blieb? Die Umnachtung.

… Teil des Tages insgesamt …! –

27

Undulation, die Wellenbewegung, zu sehen,
zerstückelt in der Zahl die Einheit,
um daraus dann Wörter zu verstehen:
sie, außerhalb von Sein und Zeit.

Man nennt die Wahrheit über das Seiende
im Großen und Ganzen von jeher »Metaphysik«,
von jeher auch den Kreis als Parallelen-Dividende
den Gewinnanteil im Wörter-Kick!

So flieht der Wellengang durch alle Räume,
verbindet der Sonne Glut mit der Kühle
der Nacht, das zu leben, was die Zeit

im Selbst sich erdacht. Frühlingsträume
geistern durch das Nagelbett der Schwüle
zum Kampf um ›Sein und Zeit‹ als Einheit: bereit.

28

So trinke ich die Zeit in mich hinein.
Wohin? Bin Unmensch gar und fern der Welt,
um mich in andere hineinzuversetzen. Der Schein
ist das Dilemma, so, dem anderen im Feld

des Ursprungs – mit Welt – besser zu verstehen,
»Cogito ergo sum«, Descartes zu deuten?
Beginnt bei Heidegger: Wortdekorationen zu besehen.
In Zahlen gedacht die Eins einzuläuten!

Am Rande der Eitelkeiten Verstehen erzwingen?
Auslegung ist eine Möglichkeit, sich zu erklären,
um das Menschliche am Rande zu erwähnen,

dort, wo aus Ausgang im eigentlichen Sinnen
Eingang sollte sein. Dem Autor zu gewähren
sein Ich, dem Philosophen sein Weiß von Schwänen …

… kundzutun …!

29

Meine Philosophie ist aus Sein und Zeit,
ein zusammengesetztes Lyrikzentrum
meines Denkens. Der Hinweis aus der Ewigkeit
gibt jedem meiner Gedanken ein neues Podium.

Die Macht gebärt das Donnergetöse. Hüllenlos
wird das Wort, und der Kuckuck ruft gen Morgen
sein Dilemma aus: Nestsuche, uferlos!
Dem eigenen Ei ein Nest zu geben, seine Sorgen!

Somit ist manches wahr und doch gelogen.
Manche Erde wäre heute noch ein flaches Deck.
Und die Pole wären Abfallgruben,

Müll und Schotter abzulegen. Nur betrogen
hat der Mensch sich selbst. Auch diese Kugel hat ein
Leck
wie jedes Parallelogramm bei allen Kuben**!

** Forstwirtschaft – den Rauminhalt eines Baumstammes ermitteln.

30

Das 8. Lebensjahrzehnt beginnt.

... im 8. Lebensjahrzehnt – neugeboren –
möchte ich durchstreifen Wort und seinen Ton.
Mich selbst zu betrachten, ohne Juroren,
ohne das Glücksrad zu drehen, vom Mohn

gesteuert, einfach Subjekt geworden, in Anbetracht
der Aufgabe, gedanklich das Objekt zu verlassen,
formen sich die Mächte der klaren Nacht:
zu füllen die leeren Wörter-Kassen.

Denn? Das Gleiche sprach die Ewigkeit: ein Wort.
Die Wiederkunft ging dabei verloren, das Loch
in der Rückwand des Spiegels, zerschlissen.

So schaute ich hindurch und sah im Guckloch den Ort,
wo die Wörter an die Tafel geschrieben. Es roch
nach Mensch. Ich möchte missen nicht das Wissen ...

... Ich weiß, dass ich nichts weiß: Sokrates, hab Dank ...

Nachgedanken zu Teil III

Die Ziellosigkeit ist der Glaubensgrundsatz der Nihilisten: so der Philosoph am Rande der Leere.

Diese ewige Wiederkunft des Gleichen geht in Wahrheit über das Seiende immer hinaus: menschliche Einsicht? Oder Vergöttlichung des Nichts?

Das Seiende zum Grundcharakter auszurufen, als Einheit emporzureifern ist dem Nichtwort treu, Unwort, ein Nichts gefunden zu haben. Die Sache schlug fehl.

Das Ziel ist es, den Stillstand zu verleugnen. Hindernisse sind auszuräumen. Das Seiende wird Willen zur Macht im Fortschreiten: Wort an Wort – Tat an Tat. Die Unendlichkeit spielt als Faktum hinein in dies Scheingefecht, nichts zu veräußern. Überschuss, Steigerung im Theoretischen und im Praktischen – Nihilismus –, der dann auch noch den politischen Nihilismus von Turgenjew hervorwörtelt. Das Seiende selbst wird zum Werden des Willens, das Gleiche wiederkommen zu lassen, als Kreislauf eines Urgesetzes des Ganzen. Das Ankommen sowie Wiederkehren usw. bildet den Charakter im Wortsinn, das Einmalgedachte »JETZT« in der Sinne Wiederkehr als Bestandteil, als Ewigkeit im menschlichen Wahr anzusehen. Damit ist das Wort gebannt, als ewig eingespannt: im Sinne der Philosophie. Ich? bin nur ein Teil der Wörter insgesamt.

Als Jugendlicher, im Konfirmandenunterricht schrieb ich einst für mich ins Tagebuch. Nach der Frage: Was ist Gott? »Dort, wo das Kleinste und das Größte Einheit werden, das ist Gott!«

Im Alter dann, dem Christentum den Rücken gekehrt: als Ungläubiger zum Wissenden avanciert, unter dem Namen Sokrates: »Ich weiß, dass ich nichts weiß!«

Das, was für den Menschen als unbegreiflich gilt, ist für mich eine Momentanentscheidung, da ich, in meiner nach beiden Seiten offenen Parallele, als winziger Punkt – ein Jetzt –, was die Zeit betrifft, hin und her pendele. Die Energie, die in meinem Denken von Wort zu Wort schreitet, um den steten Stillstand, dem Ergon zu trotzen, dort erweitern sich meine Gedanken von einem Nicht-Wort zu einem neuen Wort (im Grunde ein neuer Nicht-Punkt).

Ein Jetzt löst das andere Jetzt ab: Und es bleibt ewig derselbe Punkt. Damit wurde meine »ewige Wiederkunft des Gleichen« im Nachherein betrachtet (ewiger Bestandteil), dann dem Sein in seiner Unfassbarkeit (so Heidegger) rückblickend betrachtet für alle Zeit der Natur abgerungen, eine neue Ewigkeit – »Die ewige Wiederkunft des Gleichen«. Es blieb sogar dasselbe W o r t !

Teil IV

Der Übermensch

Sein und Zeit wurden EIN (1) Wort

Die Ich-Findung aus der Masse Ich heraus.

Nihilismus: Neubildung, von lat. nihil = nichts.
Theoretischer N., die Vereinigung der Möglichkeit einer Erkenntnis der Wahrheit.

Der praktische N. oder ethische N., die Verneinung der Gültigkeit und Verbindlichkeit sittlicher Normen und Werte.

Politischer Nihilismus (Turgenjew: »Väter und Söhne«), Nihilisten nannte er die russischen Revolutionäre, die sich selbst als Anarchisten bezeichneten.

Leibnitz: »Nichts ist im Verstande, was nicht vorher in den Sinnen war.«

Sensualismus: Aristoteles.

Der Übermensch ist mir, im Sinne Nietzsches und anderer Philosophen mehr, die Tatsache, vom Affen abstammend (so Darwin), die Menschwerdung endlich anzupacken: Tag um Tag, Jahr um Jahr.

... es ist an der Zeit, so meine ich ...

Sein und Zeit in Einklang zu bringen, das ist im Grunde nur die Fragestellung daraus, nicht zum Affen: die Rückentwicklung einzuleiten. Manches Mal denke ich so, wenn ich Mord und Totschlag auf der Welt im Machtgeschrei der Massen in mein Innerstes aufzunehmen versuche. Die Mordwaffen änderten sich ins Unermessliche. Macht das schon den Menschen? Ich für mich: Ich sage nein! Ich, der irgendwo aus dem Masse-Ich herauskroch, mich aufzunehmen.

Dieses Einzel-Ich ist kein Supermann, so z. B. im amerikanischen Filmgeschäft, sondern einfach dieses kleine, selbst denkende Etwas, das zwischen Zeit und Sein, sein »amor fati« zu diesen Gedanken führte: Den Affen überwunden zu haben, allein durch die Tatsache der Muttersprache und die Möglichkeit: selbst zu denken! Und: »Da liegt der Hund begraben: so des Volkes Mund.«

Diktatoren nehmen sich die Macht und bilden die Masse zum Affen zurück: »Hurra, wir leben!«

Es gibt in Deutschland mehrere Parteien. Fünf? Sechs? Oder sieben? Egal, diese sechs, sieben Ichs gibt es: aufgeteilt. In der Endabrechnung flieht das Ich zum Masse-Ich, um nicht mehr selbst zu sein. Sie, er usw. machen es. Zuerst einmal aber? Die Auflösung des Einzelwesens in ein Masseprodukt: Partei-Mensch! Eine neue alte mathematische Einheit aus der Mengenle(e)hre. An der Stelle fordert Nietzsche den Übermenschen, das Wesen, das sich vom Urprodukt »Affe« befreit. Beispiele? Nein, von mir gibt es keine, es wären vermasste Wörter, die dann nicht ins Einzelgedachte von Religionsgemeinschaften ausgeklügelter Gesetzgeber, von Parteien ausgesonderte Wunderregeln, von Familientradition ummüffelte Kultgeheimnisse, gottgegeben (ob Manitu, Zoroaster, und andere Götter mehr, anzugeben) … sogar zum Selbstmord sie, sie erziehen, damit sie in den Himmel kommen … und sie spielen dann selbst Gott auf Erden …!

»Ich denke, also bin ich«, sprach einst Descartes. Und alle maßen sich an, über das Erkennen, dass sie sind, sich das Denken einstellt.

So geistern die Parolen durch die Welt, und manche These ward schon lange aus einer alten Synthese neu erstanden zum Taggeschäft der Allmächtigen, die sich anmaßen, sich auch Menschen zu nennen; du wie ich!

Und schon bin ich bei der GEN-Manipulation angelangt. Sie gab es schon immer (seit Menschengedenken), z. B. wenn ich besonders große, wohlschmeckende Kartoffeln auswähle, um mit diesem Saatgut eine neue, gute Sorte hervorzubringen, oder wenn man das Stroh – vom Korn – nicht mehr als Streu fürs Vieh gebraucht oder gehäckselt als Teilgabe mit Hafer und Schrot gemengt für die Pferde: Ich erinnere mich als Kind daran – bei den Großeltern auf dem Hof, während des Krieges. Zeit und Sein schreiten weiter getrennt. Sie entfernen sich vom Menschen!

Heute z. B., wer dachte an die Gülle nach Fortfall der Streu im Stall der Tiere? Wer dachte an dieses Wasser-, Kot- und Urin-verflüssigte Produkt, das HEUTE, morgen die Erde verseucht. Mein Großvater und ich fuhren noch mit Pferd und Wagen – nur im Winter – den Mist von Kuh, Schwein, Pferd auf das Land: In diesen Mengen war es wohl noch Dünger? Das brachte den Sinn »Willen zur Macht!« in meinen Sinn.

Der Wille zur Macht beginnt bei mir mit der Erkenntnis des Endstadiums dieser Synthese. Das sagt mir, gleichbedeutend, ist mir dies Wissen zur Macht eine mir unumgängliche These: Denn all die Antithesen daraus, z. B. Mist und Gülle, hätte man nicht diese Synthese gleichzeitig mit einer neuen These, »Wissen wollen«, verbinden müssen? Ja, dann hätte man, meiner Ansicht nach, das Dilemma »Überdüngung« dieser Äcker im Voraus erkennen müssen!

Nietzsche sagt: »Wer tiefer denkt, weiß, dass er immer Unrecht hat, er mag handeln und urteilen, wie er will.«

So ziehen die Wolken am Himmel sich zusammen: Blitz und Donner folgen. Es ist schon lange an der Zeit, Sein und Zeit in Einklang zu bringen. Aber? Denke ich an den Plastikmüll. Unzerstörbar? Wer dachte an die Folgen? Nicht der Herr der Ringe, der sich mit Gut und Gold absetzt und ein müllfreies Plätzchen sucht.

Schlimmer noch: Atommüll. Wer sah das voraus? Die Natur löst alles, nur, es ist für die Macher nicht wichtig. Sie schließen sich auf Inseln ein.

Nietzsche weiter: »Die Herren der Erde sollen nun Gott ersetzen und das tiefe, unbedingte Vertrauen sich schaffen!« Es geht so lange, wie man sich noch verkriechen kann, hinter Soll und Haben, Haben und Sein!

In der Ethik wurde das Sollen als Grund-Soll durch Kant eingeführt, das drückt eine Art von Notwendigkeit und Verknüpfung mit dem Grunde aus.

Maß und Ziel, Pflicht und Pflegen, in der Ethik ein Tun und ein Lassen: dagegen Pflichtbewusstsein als Sollen zu erfassen.

Pflichtbewusstsein und so fort,
bringt das Soll an seinen Ort,
im Sein das Haben zu gestalten,
Mein und Dein im Innersten verwalten:
in der Masse Mensch – weder groß noch klein –,
einfach nur ein ›Ich‹ zu sein!

Im Jahre 2050 sollen drei Milliarden Menschen mehr auf der Erde leben (so die Journale). Und die Sekten, Religionen usf. predigen: Zeugt, zeugt, um damit mächtigste Partei zu werden. Trugschluss auf Erden: Die Antithese ist schon längst in Sicht.

In meiner Schulzeit, ich, Kind, da war das noch nicht einmal die Gesamtzahl der Erdbewohner!

Noch einmal F. Nietzsche: »Wohin ist Gott? ... Ich will es euch sagen. Wir haben ihn getötet: ihr und ich!«

Aus meinem engsten Bekanntenkreis eine kleine Episode: Ein Mediziner wollte die Masern im fernen Afrika ausrotten. Er bestahl Eltern, Schwester usw. und wollte der Wohltäter der Menschheit sein. Er kehrte HEIM kirchenmausarm, aber wie er es darstellt – als Held! Und was geschah? Im Innersten Afrikas verhungerten sie! Aber? Die Masern hatte er ausgerottet!

»Atmen, du unsichtbares Gedicht«, so beginnt Rilke eins seiner Sonette. Der Glaube ist und bleibt ewig ein wortloses, innenwandiges Atmen, so unsichtbar wie der Atem Rilkes in seinem Vers. Und doch wird er sichtbar, wenn ich als Kind, im Krieg, aus dem unbeheizten Schlafzimmer heraus, wenn ich die Kristallblumen von den Fensterscheiben hauchte.

Mein Wissen ist dieser Atem, wortlos und doch voller Innerlichkeit; auch wenn ich im Grunde kinderliebend an die Geburtenkontrolle denke, um nicht Wesen – einst – wie Plastiktüten die Meere verseuchend, sich wegen eines Glases Wasser getötet zu haben!

Ich möchte am liebsten einfach noch 100 oder 1000 weiße Seiten anfügen, mit meinem wortlosen Atem gefüllt, und doch sind sie Wort für Wort Teil von mir: meine Muttersprache!

IV/1

Ich bin geboren, um als ein Etwas
im Lauf der Jahre zu gesunden,
mit meinem Atem jenen Atlas
anzupacken, um im Gefunden

mich anzunehmen. Das Alter gab
mir ein einfach Wissen an die Hand,
»Wille zur Macht« ist des Wesens Grab,
wenn nicht das Wissen je einen Paten fand,

aufzunehmen den Atem im Land,
wo Milch und Honig fließen sollt!
Ob ich dieses Eckchen Erde sah?

Oder ganz gelassen für mich fand?
Ja! Es ist die Muttersprache, gewollt,
himmlisch rein und erdennah! …

… wenn ich so meine Hände seh …!

IV/2

Wenn ich so meine Hände seh,
Schwielen und verbrannte Haut,
ich die Vergangenheit versteh,
wo ich auf Sand gebaut.

Ich zimmerte weiter,
baute Studium auf Studium
auf der langen Lebensleiter.
Brachte teils dabei meine Seele um.

Da begann das Alter Ich = Ich zu fragen:
Bist du Subjekt oder Objekt fürwahr?
Und diese ausgebrannte Seele rührte sich,

ohne das Objekt zu befragen, das Ich mit Zagen,
da entwickelte ich den Übermenschen, rein und klar:
Wie? Ich fand den Menschen: mich!

... in der Masse: Ich!

IV/3

In der Masse – Ich – geboren.
Fand ich mein Leben lang nicht hinaus.
Mein Wort war im Lichte erfroren,
zu bauen die Zeit im eigenen Haus.

Das Ich stand im Wege, wohin ich auch ging.
Zerschunden die Hände, verinnerlicht: am Wege
zu denken. Im Wort ward's mir gering
sie aufzutauen, die eingefrorenen Stege

jener Leitersprossen, das Ich zu zerteilen,
mich zu entfernen von der Masse: »Ich bin!«
Also muss ich denkend sein?

Heut gereift, die Jahre zählend, zu verweilen
löste ich mich vom Ich, das war mein Sinn.
Es begann zu leben, das Ich vor dem Stein!

… die Ich-Findung dann …

IV/4

Auf der Suche nach dem Leben
gab mir das Sein einen Tritt,
der Zeit einen Hinweis zu geben,
und schon waren Zeit und Sein zu dritt.

Ich ging die ahnungslosesten Wege.
Die Jugendphase zerschellte im Ruß
in Kellergewölben dunkelster Belege
dem Ich entglittener Lebenskuss!

So liefen die Jahre, im Arme Sein und Zeit.
Der Übermensch war in Heizungskanälen
in dunkelsten Löchern; Arbeitsentgelt!

Die Liebe entthronte die letzten Gefühle, weit
in das Licht hinaus zu sehn: zu wählen
im Ich, zu finden die meine Welt.

… ich wurde geboren …

IV/5

Ich wurde geboren: als Mensch? Oh nein.
Die Seinskultur brach über mir den Bann:
Krieg! Flüchtling bei Nacht und Nebel. Kein
wohlig Plätzchen. Der Kindheitstraum zerrann

in nächtlichen Gebeten, die Feuerhölle Hamburg
zu überstehn. Wir, die wir litten,
alle zu »Übermenschen« wurden, so der Dramaturg.
In den gefalteten Händen ein ständiges Bitten

zu überleben: als Mensch? Oder nur als Figur,
die Tage zu zählen: Mord und Tod
in Kalenderblättern einzutragen:

angesichts des Rassenwahns – Politkultur –
ward der Übermensch Nietzsches Gebot,
sich als Nicht-Jude zu hinterfragen.

… und ich fragte oft, warum …

IV/6

Und ich fragte oft: Warum ich, der klein
dem Gottgegebenen, wie der Taxus, die Eibe
als Naturwunder Mensch, einfach wollte sein?
Und es kam, oft, als Jugendlicher – beileibe –

das Gefühl, als Deutscher, kriegsverloren,
ein Unter-Mensch zu sein.
Da standen sie auf, die geistigen Juroren,
wissend sie, geflissentlich im Schein,

nie Deutscher, gar Patriot gewesen zu sein.
Es gab nach Kriegsende nur Übermenschen feil,
nie von Hitler gehört, vom Rassenhass und so …!

»Deutschland, Deutschland über alles« war der Grund-
stein,
jenes Fleckchen zu ehren, ohne Hass und »Sieg Heil«:
Heimat ist, als (D), mir geblieben, mit dem gesamten
A bis O!

… Der Mensch zog Kreise …

IV/7

Der Mensch zog Kreise. Man teilte das Land
in Gut und Böse. Süd und Nord ward zum Rest
einer bombardierten Stadt, die am Rand
viergeteilt das Bild des Menschseins verlässt!

Ich war geboren. So sagt das Datum für Raum und Zeit.
So ward dieser Tag als Erinnerung mir mitgegeben,
zu fristen in Kälte mein jugendlich Leben: bereit
dem Vaterdiktat, Tradition, Familie zu leben.

Ich ward zum Untermenschen: So sah ich mich.
Glücksbringer für die anderen. Zerschunden die Hände,
die Seele und in mir das Licht!

Meisterprüfung bestanden! Ich wollte Carusos Nähe an
sich!
Sparte! Nahm eine Auszeit. Es schmolzen dahin die
Wände.
Sechs Monate Napoli: So gebar ich mir selbst mein neues
Gesicht!

IV/8

Musik, der Worte Keim, veränderten mich.
Die Töne erholten den Menschen in mir. Zeit
und Sein überwindend, zersetzten das Ich.
Überdimensional: von einer Krankheit befreit,

der Krieg, das Elend, Deutscher zu sein!
So bewegte ich mich, in der Lyrik Lauf,
die Stufen hinunter und hinauf: klein,
nur Mensch zu sein: nahm ich in Kauf.

Mit einer Gelbsucht heimgekehrt: Das Lied
drang tiefst in meine Seele und blieb
unhörbare Musik. Atem ward zum Megaphon,

Sprachrohr in die Seele hinein. Abschied
von Zärtlichkeit im Auftrieb:
Atmen, du, mein klingender wörtlicher Ton!

... es kam die Zeit, das Wort zu studieren ...

IV/9

Es kam die Zeit, das Wort zu studieren.
Text geworden ward das Sehen zum Zwang,
die Schatten zu durchforsten, zu kapieren
das, was mich bedrückte, ein Leben lang.

Die Gestade der Bewegung war die Philosophie.
Die Uni Leipzig gab mir das Diplom,
Studium: Literatur. Die Akademie
brachte mich zur Philosophie zurück, zum Dom

Handwerk! Dort erwarb ich das VWL-
BWL-Diplom. Jetzt war ich ein Mensch? Und
siehe da, mein Traum, den Atem umzuwandeln,

begann sich zu formieren, den Fluss des Lebens schnell
zur Lohe erwecken. Damit tat ich mir kund,
Töne in Worte mir einzuhandeln!

… Es kam der Tag …

IV/10

Und es kam der Tag, die Seele zu lüften.
Ward freier, dadurch angreifbarer.
Aus dem Zwerg trat hervor aus Rußes Grüften
irgendein Mensch, ein Wortbewahrer.

So begann ich die Lenze zu zählen.
Atemlos, und doch – Wort an Wort –
wuchsen die klanglosen Töne, zu wählen
das Schloss, der Prinzessinnen Ort.

Dann zerbarst auf kürzester Strecke
das Ja-Wort zum Nein. Und das Gebären,
sich zu erwehren, zerschnitt die Atemglut,

und aus dem Geleit, zu gesunden, der Recke
gebar in sich den Atem zu Stein, zu gewähren
den Übermenschen – Mut.

... zerschnitten das Sein ...

IV/11

Zerschnitten das Sein und im Licht die Bögen.
So flogen die Jahre dahin.
Jahrzehnte sind seitdem verflogen. Mögen
die Jahre erfüllen Zweck und Sinn.

Menschsein ging in sich verloren, durch
das Loch im Spiegelbild des Jetzt.
Durch Krieg, späten Studiums war die Furch
des Lebens, die Seele selbst verletzt.

Aus der Masse heraus fand ich ein Haus
im fernen Engadin, F. Nietzsche geweiht.
Dort gebar er den Willen zur Macht,

die ewige Wiederkehr des Gleichen. Daraus
ward ein Liliput geboren; Nichtmensch-Zeit
brach an in diesem Haus: über Nacht!

… es ist an der Zeit, weiterzugehen …

IV/12

Es ist an der Zeit, weiterzugehen.
Das Gespenst Sein löste sich auf.
In der Gewissheit, gelebt zu haben: verstehen,
zu erkennen, der Ich-Sendung, der Wellen Lauf

als Zeit einzugestehen? An der Reling stehend,
Leben als Meer der Unendlichkeit benennend,
schwebe ich, in der meiner, nach beiden Seiten flehend,
offenen Parallele. Und ich atme erkennend

ein, das Objekt mit dem Ich zu versehen,
dem Subjekt zu übergeben.
Aus dem Liliput ward ein Wesen,

nicht groß, nicht klein, als Mensch zu verstehen:
das Glanzlicht der taufrischen Reben
als Atem der Natur, als Selbst, mein Ich zu erlesen.

… von der Rebe der Natur …

IV/13

Von der Rebe der Natur empfing ich den Atem
zu leben. Von den Schultern der Riesen herab
ging mir die Puste aus, dem akkuraten
Sisyphus gleich, den Stein in des Tales Grab

zu manövrieren. Als Liliput durchstreift' ich
die Rauchfangkanäle: als Mensch geboren!
Streifte die Segel im Hafen christlich
geführter Regulatoren.

So begann, das Wort, Geborensein von Neu'
das Ich in die Vermarktung einzuschleusen.
Und ich begann, die Hände in den Schoß zu legen.

Aus dem Worte Gras ward Heu,
Futter für das Vieh. Und in den Reusen
schwamm der Köder, der Fische wegen.

... Mensch sein: warum? ...

IV/14

Mensch sein? Warum dieses Ich-Getue,
so zu sein wie sie, die Tag um Tag den Weg
auf dieser unsrer Erde in jene Truhe
legen: Recht, Gerechtigkeit – Niederlagen – Sieg?

Und sie, die diese Macht verüben,
sitzen in Gewölben und dröhnen:
»Für die Macht, Gott und Vaterland!« Drüben
in der anderen Welt wird man dich köstlich entlohnen.

So fürwahr. Der Wille zur Macht wird angelegt.
Er schildert im Rassenwahn zu Übermenschen sie.
Fortan all jenen, die unsere Religion

nicht verstehen wollen, können, dürfen: Sie fegt
der Sturm des Wissens, Übermensch zu sein – wie Vieh
in den Ring. Gott gegen Gott – der Affront.

… Kritik? Nein, nur Fragen …

IV/15

Kritik? Nein, ich stelle nur Fragen:
ganz salopp, noch Untermensch zu sein.
Doch mit der Zeit. Altersbedingt, gereift, klopft das Zagen
an die Wand mit jener Hand, die nur zum Schein

Wörter auf dies weiße Blatt gebärt. Und fragt:
Wozu gehöre ich – Hand – wenn nicht zum Geist
jener Windungen, die das Ich ganz leis' verklagt?
Ist in deinen Sinnen, Hand, nicht Koppelung? Sonst vereist

das Gehirn, das die Glieder in der Seele eint?
All die Neuronen, die Zellen, die in den Synapsen
die Verbindung, Ich zu Ich, im Gleichklang sich bewegen.

Das Subjekt vom Objekt wird Du und verneint
jenes Gebären, das Wort mit Wörtern zu verklapsen.
Da bewegte sich das Alter, die Ich-Findung zu verlegen!

… Subjekt geworden …

IV/16

Subjekt geworden, losgelöst von den Horden:
Ich bei Ich. Da fand das Alter dann die Regung
aus der Masse Hirn hinaus, all die Fjorde
zu durchleuchten, eine neue Platzbelegung

zu gestalten. All die Fjorde, jene Buchten,
die versteckten, die offen gestalteten,
werden umgebaggert, damit die gesuchten
Reime nicht in unwegsamen, unverwalteten

Gruben versanden. »Zum Stranden ist's noch Zeit ge-
nug!«,
sprach das Alter und lehnte sich weit aus dem Fenster
hinaus,
weiter als seiner Seele bedarf.

Sub-/Objekt, oder Zahlenkranz, die Diese! Im Flug
endete die Offenbarung, gestrandet im Haus,
das mit der Masse – Ich – mich bewarf.

… Zusehen: wortlos verstehen …

IV/17

Zusehen ist Nichtverstehen. Fortsehen,
das bist du im Staate Liliput
und die Herren dieser Erde, ihr Verstehen
als Nietzsches »Willen zur Macht« ersehen. Blut

bringt die Macht, das Allheilmittel, Gesetze
zu kreieren: so, dass die anderen stets verlieren.
Und, oh Graus, die Welt hält den Atem an. Das letzte
Mal? Nein, daran ist mein Unglaube schuld. Bei Tieren

trommelt der Gorilla sich an die Brust, und die vielen,
die später nicht gesehen, verbleiben gerührt.
Und der eine, der sich getraut, etwas zu sagen?

Ihn schlägt man tot, erhängt sie auf Dielen.
Danach, ob Sieg oder Heil, haben die Toten sie zum
Sieg geführt!
Sie aber hängen am Kreuz oder mussten das Gift ... er-
tragen!

... noch Fragen ...?

IV/18

Noch Fragen? Nein, nur das atemlose Wort,
das, was reimlos meine Fersen behaften,
trägt mein Ich von jener Schwelle fort,
die Ich-zu-Ich-Beatmung ihrer zu verkraften,

in Zitadellen neue Gesetze auferstehen zu lassen!
Der praktische Nihilismus sagt aus: die Verneinung
der Gültigkeit und Verbindlichkeit (erfassen)
sittlicher Normen und Werte. Zur Peinigung

der Entwertung, das Ich zu setzen: Politik!
Leibnitz dagegen sagt: »Nichts ist im Verstande,
was nicht vordem in den Sinnen war.«

So füllt sich mit Lügen und Macht Kritik,
das Künstlerherz, das, vergraben im Sand,
den Sieger, den Übermenschen gebar.

… Sokrates schwieg …

IV/19

Sokrates schwieg! Polarisierung als Akt
der Richtbarkeit, im Recht zu töten.
Es war der Untermensch, der Richter: Staat. Der Takt
war gegeben. Sie gaben das Gift, ohne zu erröten.

Andere schlug man ans Kreuz, machte sie zu Hexen.
Wer war da Übermensch oder Tier?
Und in den Bibliotheken ließ man weiterklecksen:
die schwarz gestrickten Texte, mit dem Klistier

das zu bereinigen, das, was zum Denken anregen könnte,
zu beschönigen im Auslassen die geschwärzten Zeilen.
Sie könnte die Verfassung vom Prinzip befrein.

Alles Nichtgesagte wäre das Gegönnte,
dem Alltag neues Leben einzuhauchen. Die Weichen
wären gestellt, das Übel im Denken zu verzeihn.

IV/20

Es geht ein Rundgesang durch die Stadt. Gelesen:
Google-Chef. S. Pichai, 15.12.016, titelt seine Version
»Übermensch« mit dem Schlagwort »Das Netz« – so,
im Wesen
wird's eine natürliche Erweiterung des Menschen. Die
Annexion,

eine gewaltmäßige Aneignung der Wesen dieser Erde,
ist das, was ich vor Jahren schon befürchtete.
Nietzsche wollte nur vom Affen fort, das große Werde-
Mensch, aus dem Selbst heraus, nicht die gezüchtete,

genmanipulierte, von der Kritik enthobene Person
der Medien, aus gelieferten Netz-Sklaven:
frei gewordenen, für die Massen-Googelei.

So gesehen öffnen sich die Netze, wissentlich im Ton.
»Also bin ich!« So sprachen noch die Braven!
Mit deinem Netzbeitritt bist du nebenbei: für alle Zeiten
frei.

IV/21

Vonstattengehen, das Gelände räumen,
das ist dem Netzbetreiber Sinn und Furt:
Die Ich-Findung Mensch kann nicht in Träumen
netzbetreut verinnerlicht werden. Der Gurt,

der deine eigenen Sinne schnürt – Tag und Nacht –,
wird in den Netzen der Macht stets geklärt,
wie in der Politik und anderen Vereinen, so ganz sacht,
mit Lug und Trug als Wahrheit dir gewählt.

In der Endabrechnung lachen die Konzerne
über Netz und Übermensch geboren:
Sie schöpfen ab Geist, Geldbeutel und so fort

und bereichern somit auch den Glanz der Sterne
in der EURO-Flagge, sie, die eingefroren.
Mensch und Freiheit eingesperrt: vor Ort.

IV/22

»Weißt du, wie viel Sternlein stehen,
dort am großen Himmelszelt?«
In der Ferne ist's, ganz grob gesehen,
das künstliche Netz: die neue Welt.

Aus der Masse heraus, ins Netz hinein.
Die neue Sklaverei schon vordem begann!
Damals war's der Mensch, als Gebein.
Heute treibt der Computer an,

wie viel eins + eins, als Beginn,
die Sinne einzufrieren, den Tag zu beschenken,
den Aderlass als Eingriff zu führen,

denn das, das führt die Macht nicht im Sinn.
Das Ich vom Wir zu trennen, das ist das Denken:
Die wahre Kritik öffnet dem Geiste alleine die Türen!

IV/23

Sterne zählen, Netze anwählen.
Aus dem Sternenalltag heraus
schmückt sich die Kritik, zu vermählen,
zu schmücken das eigene Haus.

Bist du dann diese Ehe eingegangen,
aus dem Netz heraus, dein Geben zu beleben,
dann hat das Netz es geschafft: gefangen
im Käfig, die Jasager zu erheben,

das Licht in dir zu löschen, zum WIR
das Ich ins Netz einzuweben:
im Blechnapf den Geist zu versenken!

Was blieb? Das Netz, ohne Wonne, das Klistier
durch Staat, Religion etc. einzugeben,
auf Ewigkeit dein Ich, dein Selbst, zu verschenken.

IV/24

Es wird Zeit, das Netz ›Ich‹ zu beleben.
Den Affen zu überwinden, netz-los allemal.
Dazu öffnet sich dir das Gestirn zum Leben.
Das Wir kommt an den Affen-Marterpfahl.

So ging ein neuer Tag in die Jahre,
schon lange netzbefreit ohne Zahl: ein Ich!
Statt blonder Locken graumelierte Haare.
Die Ikone wortlos aufgeschlossen, um in sich

das große Wunder anzugehen, das Alter: insgesamt
aus dem Wir gelöst, wortentbunden
in der Selbstkritik, sogar die Zeit zu befrein.

Da begann ein Ein-Zellen-Licht zu leuchten, völlig entspannt,
blendete alle Netze aus, um zu gesunden.
Und ich fand mich allein vereint: in Zeit und Sein.

IV/25

So ward ich geboren. Ein Paukenschlag.
Vater hisste die Fahne. Die Strafe dafür? Ein Obolus
für das Selbst in der Nazizeit: diesen Betrag
mit Stolz zu zahlen, ohne Heil und Hitlergruß.

Der Entmenschlichung entgegengewirkt. Rassen-
Bildung? Er? Nicht einmal Rassegedanke.
Vater verweigerte den Befehl, Deutschland zu verlassen.
Als Holzfäller landete er, ohne zu wanken.

Die totale Zerstörung zwei Male durchlitten,
Großhamburg und Mecklenburg: Oma, Opa,
einfachste Selbstversorger: Bauern.

Gräuel der Nachkriegszeit. Schulen glanzvoll durchlit-
ten.
Am Ende dann der Beruf: Berufung? Na ja.
Ich litt durchnächtigt, die Tage zu bedauern.

IV/26

Weiße Tauben sprachen, das Dunkel zu erhellen.
Das Alter, berentet gab mir die Zeit, im Geben
das Ich aus dem Wir heraus zu befrein? Die Wellen:
Krankheiten, überwunden in geistigem Streit

zu erleben, das war Krönung, die Bejahung
treibt den Menschen in die Macht – Geschichte
zu wahren, den großen Schleier, als Befragung
einzuschließen in meine kleinen Gedichte.

So brachte das Symbol – der Taube Weiß –
mir die Achtung vor meinem steten »Ich bin,
also denke ich«, den Keim: selbst denkend zu sein.

Ideen schmelzen, wie wahr, mir, auf Geheiß
durch die Anoden; und geboren war der Sinn,
einfach ich, nur Mensch zu sein.

IV/27

Zum Leben geboren, als vollendete Subjektivität
des Willens zur Macht, ist der Beginn
des metaphysischen Ursprungs, die Aktivität,
Nietzsches Übermensch: so sein Sinn!

So flog die weiße Taube mein Alter ab, und sie
gebar über Nacht die Einsicht, selbst zu sehen.
Das wahrhaft Seiende ist die Vernunft sowie
die schaffende Hand der ordnende Geist. Verstehen

beginnt im Sessellift, er, der in die Höhe geistert.
So gab ich dem Sinnen die Ich-Vollmacht mit:
das Objekt mit dem Subjekt auszuweiten.

Die Subjektivität, als Wille zur Macht, sie meistert
schlechthin nur sich selbst zur Macht. So zu dritt.
Objekt, Subjekt und Ich im Sein und der Zeit.

IV/28

Die Zeit, sie begann zu lächeln. Nichts
hat den Anspruch auf Sein, was nicht
im Machtkreis des vollendeten Lichts
des Philosophen Subjektivität steht. Der Wicht,

dieses kleine Wesen, Ich, stützt sich auf das all-
umgaukelte Wesen Mensch, der allein inmitten
des wertzersetzenden Wollens erreichen will: im Ball
die Vollendung zu erreichen: alles zu kitten!

Der Wille zur Macht als die vollendete Objektivität,
das höchste und einzige Subjekt: der Übermensch? Nur
wo die unbedingte Subjektivität des Willens zur Wahr-
heit

des Seienden im Ganzen wieder These wird, als Prinzip,
sät
die Einrichtung einer Rassenzüchtung die Spur,
auch den Übermenschen zu befrein, als Zeichen der Zeit.

IV/29

Sein und Zeit im Streit. Heidegger, das Deutschtum
vorausdenkender Trend, so, meinend, als Beschenkender.
Vorausdenkend, zeichnet oft einen großen Stil zum
erkennenden Geschmack? Ein versenkender

Nachkriegsgedanke brachte sein Deutschtum
zum großen Patt voran, liebender Denker zu sein.
Manches Wort ist menschlich überfordert zum
Wort geprägt, und danach –zu fein

für menschliche Ohren, selbst für die Seinen
brachte die Nachkriegszeit ein Nicht-Erwachen.
Zu weit entfernt war der Jude, Mensch, Subjekt,

dem Traume erkoren, Zeit und Sein allein, keinen
Wortraum zu finden mit seinem Nachen.
Zugefroren der See und Deutschland war verreckt.

IV/30

Es ist an der Zeit, von mir zu berichten.
Die Studienzeiten sind unbestritten durchlitten.
Das Alter betritt mit Macht das Parkett: zu dichten.
An der Sohle der Zwietracht alle Wörter zerschnitten.

Mein Sonett ist das Ich in 14 Zeilen. Zu ermahnen,
Kritik auch ans Ich zu richten, fern der Zuständigkeit.
Ich gab mir selbst die Hand, um zu erahnen:
Mensch in Mensch sich aus der Masse befreit.

Kein Held, kein Krösus, kein Möchtegerngott.
Kritisch das Ich im Ich noch zu hinterfragen,
dort, wo das Wort, mit Licht und Schatten, flog über
Bord.

Gläubig? Im tiefsten Sinnen auf dem Schafott
Göttliches in Sein und Zeit zu beklagen:
einfach ein wortloses Ich: und doch mein Wort!

Teil V

Morgenröte

Verbindungssuche zwischen I–V

In Vergessenheit blieb nie die Morgenröte.
Jene: Hamburg brannte lichterloh.

Und? Man am Tage nicht bemerkte,
war es das Abend- oder war's das Morgenrot?

Flamme der Vergessenheit,
Dies in alle Winde schreit:

Diese Morgenröte blieb für alle Zeit bestehn:
möchte nie SIE wieder sehn …

… dunkle Keller: Bombennacht…!

Morgenröthe

In seinem Buch »Morgenröthe«, Gedanken über die moralischen Vorurteile, beginnt F. Nietzsche: »In diesem Buche findet man einen ›Unterirdischen‹ an der Arbeit, einen Bohrenden, Grabenden, Untergrabenden. Man sieht ihn, vorausgesetzt, dass man Augen für solche Arbeit der Tiefe hat – wie er langsam, besonnen, mit sanfter Unerbittlichkeit vorwärtskommt, ohne dass die Noth sich allzu sehr verriete, welche jede lange Entbehrung von Licht und Luft mit sich bringt; man könnte ihn selbst bei seiner dunklen Arbeit zufrieden nennen.«

Ich grabe noch weiter. Verbinde mich mit diesem unterirdischen Tagträumer, der dort, oh Wunder, die Morgenröte angefacht. In den Händen haltend die Entbehrung, im Wort zu denken, sich und andere zu beschenken.

Der Philosoph Böhme sagt: »Was Tiefe ist, lässt sich nicht sagen, aber es lässt sich zeigen an Menschen, an denen es da ist.«

Um das zu erkennen, da muss ich aber zuerst selbst das Unterirdische erkannt haben, da ich sonst diesen tiefst Denkenden nicht ausmachen kann.

Wenn das Abendrot sich vom Tag verabschiedet, dann sitzt man geduldig wortbefreit – und wartet auf das erste Sonnenlächeln am Horizont. Jetzt steigt er, der Grabende, aus dem Wortgefundenen heraus und verkündet seine Morgenröthe! ER, der Grabende, band Morgen- und Abendrot ein in ein einzig Glühen – sein tiefstes Rot –, von Tag und Nacht befreit. Zwischen zwei Wörtern Rot – die Nacht. Jetzt hatte der Tag jene Dunkelheit überwunden, die dem Wollenden sagen lässt (S. 116): »Wir lachen über den, welcher aus seiner Kammer tritt, da die Sonne aus der ihren tritt, und sagt: ›Ich will, dass die Sonne aufgehe‹; und über den, der ein Rad nicht aufhalten kann und sagt: »Ich will, dass es rolle …« Aber trotz allem Gelächter! Machen wir es denn jemals anders, wenn wir das Wort gebrauchen: »Ich will«?

Mit einem anderen Nietzsche-Wort aus der Morgenröthe möchte ich weiterfahren, um auf mein Thema zurückzufinden. (S. 330) Sich häuten: Die Schlange, welche sich nicht häuten kann, geht zu Grunde. Ebenso des Geistes, welche man verhindert, ihre Meinungen zu wechseln; sie hören auf, Geist zu sein.

(S. 356) »Auch Rost thut Noth: Scharfsinn ist nicht genug, sonst sagt man stets von dir: Er ist zu jung!«

So sitze (saß) ich, wartend auf mein Morgenrot! Im 80. Lebensjahr angelangt; manch scharfe Klinge an Leib und Seele erfahren, sitze ich in meinem Sessel, ihn, den ich in meiner Kinderheimat angefertigt bekam, und sitze am Flüsschen Rögnitz dort, der Heimat Mutters, am Berge, der einst uns Bunker, mehr Kuhle war, um die letzte Phase des 2. Weltkrieges zu überleben.

Narben verdecken all die schmerzhaften Wunden, erste Liebe, erstes Leid, und dort sitze ich auf einer Bank, den Morgen kündend: Rost angesetzt, eine zauberhafte Morgenröte heraufzubewörteln. Möge nicht zu viel Rost jene tiefe Zuständigkeit: zu lieben, zu leben meine letzten Jahre, dieses Morgenrot in den Händen haltend, meine Sonette (meine abgewendeten rostangesetzten Wörter), sich im ersten Sonnenblinzeln in diesem Gedankenepos – Sein – zeitlos als jenes Morgenlächeln begleiten, um mein »amor fati« – liebe, lebe dein eigenes Schicksal, noch lange in geistiger Gesundheit – trotz Rost- und Abendrot vereint, Sein und Zeit, als Einheit in meinem JETZT der Allheit Welt zu befrein.

Heimgekehrt – 13. August 1993

Zur Rückgliederung des Amtes Neuhaus/Elbe nach Niedersachsen.

Hingemalt der Abend
wie ein Regenbogen,
wirft das »heimatliche Bild«
Farben in das Licht.

Menschen … Wälder und
die satten Wiesen strömen
ein ins menschliche Gemüt,
daheim zu sein.

DDR und Deutsches Reich,
es mehrten sich die Namen.
Niedersachsen schrieb man
heute auf das »alte Bild«.

›Weites Land und bäuerliches Leben
möchten nie getrennt mehr sein.‹

Nietzsche beginnt sein Buch »Morgenröthe« mit dem Satz: »Es gibt so viele Morgenröthen, die noch nicht geleuchtet haben.« (S. 485) Ein gefährlicher Entschluss: »Der christliche Entschluss, die Welt hässlich und schlecht zu finden, hat die Welt hässlich und schlecht gemacht.«
Die Morgenröte, Grenzöffnung DDR/BRD, ist sicherlich so eine Erscheinung. Aber? Der nächste Tag? Nebel, Eis, Schnee, Unwetter? Morgenröte kann so vieles sein: Deutschland einig Vaterland führt im Morgenglanze auch die Sprache Mutters HEIM: Morgenröte selbst zu sein! Liebe, Glück und Frieden,

all das im Glanz der Morgensonne, dieses romantische und auch nachdenkliche Bild: entzückt zu sein.

Manches Mal wird Morgenröte auch zum Marterpfahl, dieses Vorzeichen überfordert zu haben: Denke ich an die Kriege in Syrien, Afrika, in Osteuropa usw.!

Somit wird dieses Morgenrot mir stets etwas Einzelnes bleiben ... und doch Wort an Wort!

V/1

Morgenröte, 23. Dez. 1989
Deutschland vereint …!

Vergessenheit liegt in der Zeit: beginnen!
Aufgebläht durchläuft die Szene Krieg
Mark und Bein. Morgenröte ist in aller Sinnen.
Aufgebracht, so feiern Deutsche ihren Sieg.

Ohne Revolte zur Einheit gefunden,
lustwandeln die VP-Soldaten an den Gräben
auf und ab, zu verstehen das Gesunden.
Und der Pfarrer segnet: Selbst die Toten sollen leben!

So kämpfe ich mich durch die Sprachen aller Winde.
Überall das Gleiche – Kreuz und Stein.
Blumen, tote Sprüche für die Toten: Einigkeit!

Lebend gehe ich durch tote Straßen, die als Kinde
ich durchlitt. Morgenröte möge das Gedachte sein,
eine Blüte für das Grab: die Zeit!

V/2

Morgen- und Abendröte: der Tag
30. Dez. 1989

Auf dem Heimweg. Bahnhof erreicht.
5 km Birkenallee: Straßenbasalt.
Der Alleenrand, Sandweg für die Pferde. Leicht
nahm Vater in Gedanken meine Hand. Es war kalt.

Wehmütiges Zurück an warme Sommernächte:
denkend, erwachte ich im Heu, im Kräutertee
der Mund-zu-Mund-Beatmung jener Nächte.
Der Grillen Zirpen tat mir heut' besonders weh.

Glühwürmchen-Leuchten säumte die Allee.
In den Händen: Zuhause – Bleistift und Papier –,
um nicht zu schreiben! Das Wort

Vater nimmt mich wieder mit. Die Falle
Morgen-, Abendröte bedeutet mir:
Hier begann ein neuer Ort.

V/3

... Demaskierung, auch nur ein Wort ...

Jedes Wort trägt eine Maske, so
auch jeder Name ein Gesicht.
Jeder Inhalt in der Masse Gro,
die Benennung – Synonym – als Pflicht.

Das Gelöbnis ist nur wortgebunden,
so der Inhalt wortlos, allemal.
Darum gilt, um Wörter zu gesunden,
Demaskierung: Zahl an Zahl.

Bin ich der Unendlichkeiten nahe,
nehme ich der Maske Bild – das Wort –,
da entdeckte ich die letzte Schranke,

jede Demaskierung, erneut, ich es bejahe,
wird wieder Neu bei Neu, der Maske Hort:
an der Masse, an der ich nimmermehr erkranke.

V/4

Und Adam biss hinein

Morgenröte blinzelt den Morgen an
und ich daneben, halb Tag, halb Traum.
Und? In der Hand der Apfelbaum begann,
den Garten Eden, der Beete Saum

zu kopieren. Ich ging,
sah die Äpfel reif im Blattgewirr,
lüsternd wirkend, so im Ring
der Sonne Strahlen Glanz-Geschirr.

Morgenröte, du von Nöten
den frühen Tag beäugend,
pflücke ich den einen, diesen Boten.

Die Nacht stand auf, um zu erröten,
den Morgennebel dunstig zeugend.
Tag und Nacht als Einheit auszuloten …!

V/5

Der Tanz im Lichte: Opium!

Der Tanz im Lichte
war ein Tontaubenschießen,
so, die stummen Berichte,
Tonscherben ins All zu gießen,

den Sinn zu töten, auf-
zubauen. Sport hin, Sport her:
Ich nehme die Andacht in Kauf
und nehme den German-GER,

das Alt-Gediente, und kreise ein
das Machtgerumpel, den Ahnen
nicht ins Gehege zu gelangen.

Da fiel mir auf, das Latein
im Sport, Geist zu verzahnen.
Mitgefangen, mitgehangen.

V/6

Jahre vergehen, und in Gedanken,
die weißgeflockt am Horizonte stehn:
Vor mir liegen offen der Menschheit Schranken,
wenn Volk gegen Volk in Kriege verwehn.

Die neuen Eiszeiten haben schon lange
begonnen. Die Menschen erfrieren, so
unbesonnen im Töten, wie die Schlange
das Mäuschen fixiert: Der Mensch ist roh!

»Die achtzehn Parteien, sagt ein Kroate,
schlachten sich gegenseitig ab«: Warum?
Heiliger Krieg? Minderheiten? Irrer Raub?

In Strömen fließt das Blut in den Schnee. Pate
Mensch, ringsumher, du stellst dich dumm!
Ist die ganze Menschheit wahrhaft taub?

V/7

Du, ein Kosename für all meine Lüste.
Ein Dorf, ein Ort, im Irgendwo. Dann
ein wunderschöner Mädchenname. Wüsste
zu gerne, wann all das begann.

Es war das Leben. Ein Gesicht glitt vorbei.
Die Träume begannen real zu werden.
Den Krieg überlebte das Dorf und den Schrei:
lebendiger Leib, geröstet auf Erden.

Winternächte. Die Menschen erfroren
zu Tausenden. Ich, ein Kind, das noch heute
die Gräuel der Seiten nicht umschlagen kann.

Dann flog ein Name vorbei: ich, geboren
in einem Dorfe, das mit Geläute
den Winter antrieb: Der Frühling erneut begann!

V/8

Am Himmel immer noch die Sonne.
Am Uferrand das Gras, das Schilf.
Am Baume immer noch die Blätter – meine Wonne.
Im Bachlauf das Wasser, und es ruft: Hilf

dem Horizont, der immer voll verschwiegen
am Äther die Erde küsst, gleich der Sonne,
die im ersten Kuss das Ich ließ liegen.
Im Menschen immer noch der Hass in der Tonne.

Neid und Missgunst: ausgelaufen.
Herbstgetränkt das Lied der Stille bedrängen.
Pupillen, fliehende Gedanken ertragen

im Kriege, Menschen umzubringen. Sie raufen
immer noch in Gier nach Macht, sich zu erhängen.
Erster Kuss: Tausend Jahre Schlaf – noch Fragen?

V/9

Ein Fernseher,
darauf eine Blume,
eine Kornblume von eher
Hand gepflückt. Ein Krume,

unsere Blicke treffen sich
außerhalb von Raum und Zeit.
Die Farbe zerfiel im Ich,
das Töten in der Tagesschau! Seit-

dem seh ich Märchenfilme klar,
von Kinderhand gesponnen.
Geöffnete Hände beginnen zuhauf,

letzten Sonnenglanz im Basar,
von der Morgenröte ersonnen.
Erinnerung an Märchen nehm ich gerne in Kauf!

V/10

Morgenröte
23. Dez. 1989: 6:30 Uhr

Die Vereinigung prägt mir die Zeit
in alle Sinne.
Aufgeblüht durchläuft die Szene weit
Mark und Bein, und ich beginne:

Unbeholfen fleht das Licht
des aufgeweckten Morgens selig
in den Tag hinaus. Im Verzicht
liegen die Soldaten fröhlich

in den Schützengräben.
Salven dröhnen über ihre Köpfe
in das Land:

»Tötet sie, ehe sie euch töten.« Beben!
Kein General ließ töten mehr die Geschöpfe:
Vereinigung! Graben auf Graben verschwand.

V/11

Verbrennung der DDR-Literatur in Leipzig.

Die Fenster klirrten. Gedanken splitterten!
Kristallnacht war ein fürchterliches Wort.
Der Mensch selbst führte Regie beim Transport
in die KZs: Die Schlote, sie zitterten

Wahrheiten in die Nacht. Ein »Bildersturm«
von Rauch ließ alte Zeiten auf die Bühne.
Der Himmel roch nach Un-Mensch und nach Sühne,
das Leben selbst: nur Rauch in einem Turm.

Verwirrt steh heute ich vor den Verbrannten
– Büchern – Leipzig, die Halden an Glut;
ein Bildersturm vor dem DM-Gesicht.

Es ist der Überfluss aus dem Bekannten!
Die Flammen weisen auf verkohltes GUT:
Bücherverbrennung fülle auf mein Gedicht ...!

V/12

Einheitsnacht – 2./3. Okt. 1990 – (Leipzig)

Morgenröte, umglühte frühe Stunde,
du Gräsermondgeflüster, Habichtsschrei
im leichten Wind. Auch Sturm ist schon dabei,
erlebtes Wort, du erste deutsche Runde.

Im Aufwind liegt der Hang der Ewigkeit:
Verstand. Gesetz im Grenzbereich des Ich
besame das Denken, verwandle dich,
den Hass zu entzaubern – neue/alte Zeit.

Nimm den Ballast mir, wunderschöner Morgen.
Schütz doch die Menschen vor offenem Mund:
Geschrei ist nicht der Hüter unsrer Erde,

die Insel Deutschland ist umhüllt, verborgen,
der Bodennebel färbt die Wörter bunt.
Es lichtet sich ein neues Wort: Mensch, werde!

V/13

Der Lenz als Veränderer

Morgenröte, umglühte frühe Stunde,
wie Pusteblumen, die vergehn.
Kleine Gebilde am Himmelsrand stehn,
silberne Thesen verbreiten die Kunde:

»Und sie bewegen sich doch, die Horizonte.«
Punkte verbinden das Wolkenmeer weiß,
Nächte zu zerbrechen auf Geheiß,
wie Hände, die der Morgen still besonnte.

Hast du die Flugscharen trunkenen Blau'
vorüberziehen sehn? Mit weißen Kerzen
die Bäume bestückt: Lenz-Einerlei.

Der Fallschirm trägt das Gen ins Erdengrau,
versöhnt die Menschen, auch unter Schmerzen:
Gräsermondgeflüster ... Habichtsschrei.

V/14

Tiefer Glaube ist wortlos

Du Gräsermondgeflüster: Habichtsschrei.
Ich bin in einer falschen Welt geboren,
im Schauen zu gebären, das, was verloren,
ganz Deutschland ist nun endlich wieder frei!

Weltbühnen werfen sich ins Nichts hinaus,
zum Wort trink ich das Leben: Koran –
Bibel usw.: Masse – Fibel. Der Wahn
ertränkte sie mit Wissen, doch, oh Graus,

sie glaubten, so, der Maske hingegeben.
Doch welche Welt, wenn nicht diese, soll
mich trösten? Wortlos wird das Wort im Schrei,

nicht selbst zu sein, ist das mein Leben?
Der Frühling öffnet seine Grenzen – Zoll um Zoll –
im leichten Wind. Auch Morgenröte ist dabei.

V/15

Hoffnung

Im leichten Wind; auch Sturm ist schon dabei,
brüchig ist das Frühling-Eis am See.
Klare Kristalle formen um den Schnee
im ersten Anflug, die bittre Arznei:

Dumm waren die Hoffenden? Wer aufschreit,
der beweiset Menschen in ihrer Pein.
Der Frühling reißt die Freiheit auf – allein –
und Tränen schwemmen fort die Bitterkeit.

Hoffnung dort, wo Hoffnung schon am Ende.
Sturheit löst das Ich ins bildnerisch
gewordene Wort und schließet so die Wunde,

sie, den meisten Menschen bekannt als Wende.
Ungesehen sitzt Hoffnung mit am Tisch:
»Erlebtes Wort«: du erste deutsche Runde.

V/16

Leipzigs Montagsdemos

»Erlebtes Wort«: du erste deutsche Runde
im Orkan. Du Rütteln der Erde, bleiche
Nacht als Nacktheit im Spiegel, sie erreiche
dein Gebet am Hang der Einheitsstunde.

Es öffnen Horizonte sich der Wende
im Betraum der Kirche St. Nikoleien,
unberührt noch, AMEN, in dem Verzeihen
traf ich dich – Jenseitspaar: gefaltete Hände!

Sagt den zugespitzten Lippen, dass dem
Halleluja folgt der Tod, er, der aus-
geatmet Fotos in die Stille schreit

an die Wand; sie füllen so das Requiem.
Leipzig-Montagsdemos: öffnen das Haus!
Im Aufwind liegt der Morgenröte Einigkeit!

V/17

Aussöhnung

Im Aufwind liegt der Hang der Einigkeit,
ein Antlitz eingewebt in Freiheit.
Schießbefehle – Grenzzaun der Zeit –,
entlassen, und die Wege sind bereit,

die Dehnungsfugen: Hamburg–Leipzig
in der Autobahn, aufzufüllen – glatt
der baureife Stein, es ergrünt das Blatt
ins Wort hinein. Die Wellen gesprächig

überall. Wo ein Baum steht: blattgrün,
bin ich zuhause. Wo die Blume blüht
am Steg, wird das Wort zur Frucht. Es strich

ein leichter Wind durch der Gesichter Glühn.
Weise mich ein – LIEBE – seltsam Gemüt:
Verstand, Gesetz im Grenzbereich des Ich.

V/18

Fremde

Verstand, Gesetz im Grenzbereich des Ich.
Leipziger Bahnhofshalle, Fußgängerzone
für Interhotels. Philippiner ohne
Heimatimpulse? Im DM-Mark-Boom sie sich

mit Gebräu die Mägen füllen. Die Allee:
schwarze Köpfe, Menschentrauben – und ich –
Fremder dieser Stadt. Fremd – ist bedrohlich
all denen, die sich selbst als fremd im Weh

der Fernstenferne als Einheitsgesicht
sehn und folglich selbst, wie jene Exoten,
ihr Spiegelbild betrachten – brich

diesen Stab, gebe dir selbst dieses Licht
mit deinen Worten – Fremdes auszuloten:
Besame das Denken, verwandele dich.

V/19

Der Schatten der Vergangenheit

Besame das Denken, verwandle dich
im luftleeren Himmel: Vergangenheit!
Schatten steigen auf, Gesichter der Zeit,
sie, die vergänglich sind: gottjämmerlich.

Stasi-Zeit. Feiger Mord. Psychiatrie.
Bäche vergiftet, den Wortschatz verseucht.
Das Volk war verängstigt und aufgescheucht.
Mancher weiß – so wie ich –, dass sie wie Vieh

abberufen wurden: frei! Unzensiert
zieht der Gedanke durchs deutsche Land.
Es lohnt, den Blick-Kontakt hinaufzuleiten,

der mit dem Kopferheben, unfrisiert
aufrecht gehen lässt, dir deinen Verstand,
den Hass zu entzaubern: neue/alte Zeiten.

V/20

Dämmerlichter

Den Hass zu entzaubern: neue/alte Zeit.
Wolkenfetzen hasten von Wort zu Ort,
die Schlachten – auf den Alleen zu gehen – dort
toben weiter, neuer Glückseligkeit

entgegen: Herbst hält Einzug in mein Leben.
Die SED im fröhlichen Gelabe,
formiert sich neu im PDS-Gehabe,
im neuen Geiste, wieder gottergeben

wie bisher, alles für das Volk zu tun.
Die Geschichte(n) schweigt, sie kann nicht
die Jugend übernehmen, das Seelsorgen

liegt vorm Völkerschlacht-Denkmal, um zu ruhn,
dem Denken vorgelagert: Dämmerlicht.
Nimm den Ballast mir, du wunderbarer Morgen.

V/21

Nimm den Ballast mir, du wunderbarer Morgen.
Es ist ein Blatt am Baum, wie's sich bewegt,
der Ast am Stamm, der sich safttreibend regt;
es ist jener Streifen Licht, der verborgen

am Horizont dir die Wege weist: Ich bin!
Es ist der Mensch, wie er lacht, wie die Hände
er bewegt, wie langsam das Strömen Wände
unsichtbar macht. Es ist der Atem: Beginn!

Es ist die Frage, die Antwort ist leise,
die schattenlos durchtränkt die Natur
mit Mond und Stern. Ein neues Licht gibt kund

die Fernstenferne dir im Kreide-Kreise:
LEIPZIG – Knospe am Rande der Zeiten – FLUR,
schütz doch die Menschen vor offenem Mund!

V/22

Das Denken und das Lenken

Schütz doch die Menschen vor offenem Mund,
denn das Gewesene ist lange schon
vorbei, und aus der Dunkelheiten Thron
er ganz ungeniert sich neu formiert. Ganz gesund

der Mob sich ungetadelt freiheitlich
gebärdet – Schriftsteller gen Westen ziehen,
arbeiterfremd? Menschen sind – Utopien?
Nietzsche zu Leipzig seine Segel strich,

er kehrte stumm durchs Leben einst zurück.
Lasst uns reden – Jetzt-Mensch zu denken.
Gott lenkt! Dann lenken Menschen jene Herde.

»Gott« mit Wörtern: zu neuen Liedern im Glück?
Sonne wird uns Schatten geben. Wir lenken.
Geschrei ist nicht der Hüter unsrer Erde!

… oder doch …?

V/23

Freiheit und Knechtschaft

Geschrei ist nicht der Hüter unsrer Erde,
so wie der Kommunismus auch nicht gleich
den Menschen einbezieht. Das Himmelsreich
ist nicht mit Wolken zu verdecken, Herde

muss nicht automatisch Kommunismus
sein, denn das Freisein-Wollen Knechtschaft setzt
voraus, ständiger Wille dieses Jetzt,
frei von unfrei zu lösen. Der Schluss:

Die Menschheit ist nicht reif für diese Tat,
gemeinsam Acker, Feld, die Morgenröte
einatmend, wie Termiten sich zu versorgen.

»Das Ich muss überwunden sein: im Staat!«
Mensch bleibt Mensch, so klingt das Spiel der Flöte.
»Die Insel Deutschland ist umhüllt: verborgen!«

V/24

Leipziger Allerlei

Die Insel Deutschland ist umhüllt, verborgen.
War Goethe wirklich in Leipzig? Na gut,
mag sein. Vergangenheitsenttarnung – Mut –
in allen Gassen, als der Mauer-Morgen

öffnete die Straßen. Heiteres Leben:
ein Hier, ein Da, ein Oh – ein Menschlichsein.
Aufgebrachte Gesichter fielen ein
in den Morgennebel: Teil des Ich im Geben,

so verstanden sie sich selbst. Gerötete
Augen. Brikettgestank brannte unter der Haut!
Erfroren des Baches Gülleuntergrund.

Wenn ein Volk erst glaubt, ist's das Getötete.
Irgend Gott in Menschgestalt aufbaut:
Bodennebel färbt die Wälder bunt.

V/25

Oktober 1990: Johannes-R.-Becher-Institut

Der Bodennebel färbt die Wörter bunt.
Hitze umglühte nackte Haut, aufgetankte
flimmernde Schwüle. Aus den Zimmern rankte
weiches Gewölk aus den Fenstern, die, rund

geklappt, dem Straßenlärm Einlass gewährten.
»Unser Betrieb, 800 Mitarbeiter,
600 entlassen – Kämpfer, Streiter«,
dröhnt es von der Straße der ewig Gelehrten.

Stasi entlässt das arbeitende Volk
wie gehabt. Vor dem Tore Konkurs: Träume
gleiten dahin, töten letzte Ideen: Erde?

Bleibt noch Platz für die Liebe? Die Stasi molk
ein ganzes Volk. Gedanken werden Räume.
Es lichtet sich ein neues Wort: Mensch – WERDE!

V/26

Beginnen wir den Lauf

Es lichtet sich ein neues Wort: Mensch, werde!
Gib mir die Freiheit wieder, einfach will
ich wortlos wieder sein! Sonne gib still
mir deine Zeichen, damit ich Heimaterde

wie der Vögel Schrei versteh: einfach – so.
Gebär mich aus dem Gewinsel heraus,
den Tod nicht als Leben zu sehen – das Haus –,
am Bachlauf in Bewegung: A bis O.

Im Lichtgrün richten sich die Gräser auf.
In Einheit hat das Jahr sie angenommen
die Gezeiten. Die Menschen in der Runde

Ost und West in Deutschland angekommen.
Jetzt liegt's an uns, beginnen wir den Lauf
»Morgenröte«, umglühte frohe Stunde.

V/27

Ein neues Wort für Mensch muss her.

Es ging eine Stimme verloren
in mir und den Räumen der Zeit.
Das Licht war im Hassen erfroren.
Mit mir wurd' zu lang schon gespielt.

Der Tag, er bekam neue Augen
fürs Wort, für das blinde Verstehn.
Am Ende soll's Fleisch auch noch taugen
zu tragen das Bild – unbeseh'n

von den Stimmen, die ich begraben
im Wasser, dem Arme des See'!
Dem Spiele der Wellen zu lauschen,

die Blicke im Kräuseln zu tauschen.
Noch grün fiel ein Blatt in den Schnee:
Das Morgenrot sagte mir leise: »Ich versteh!«

V/28

Yggdrasil, du Weltenbaum nordischer Mythen.
Du Weltenesche, aus der das Leben ward.
Wohin sind die Kinder, die abgeblühten,
sie, die Samen sollten sein? Es traf dich hart

zu sehen, wie sie die Erde verseuchten,
kein Baum scheint mehr gesund zu sein.
Die klare Wintersonne selbst muss keuchen.
Der weiße Schnee ist auch nicht mehr rein.

In den Gestalten des Lichtes am Himmel
stehen die Schatten mit tiefschwarzem Rand.
Und in dem Vorhof der Sonne das Beben,

es ruft die Menschen mit letztem Gebimmel,
zu weben ganz neu der Natur ihr Band:
Wenn Yggdrasil stirbt, dann stirbt auch das Leben!

… denkt daran …!

Zweimal schlug die Glocke zwölfe Töne
herab vom Kirchturm in die Weite.
War es Mittag oder Mitternachts-Gedröhne
oder war sie beim 13. Schlage pleite?

Nein, man kam sich alle Male überein
wegen der Einfachheit,
Morgen mit Abend zu einen, um keins
der beiden in der Endlichkeit

des Erfassens zu entthronen:
zu übergehn im Spareffekt? Statt 24
nur auf der Stunden zwölfe zu bestehn?

Morgen- und Abendröte lächelnd zu klonen?
Nein! Man kam überein, klar, nicht ranzig:
Tag und Nacht zusammen als Einheit zu sehn.

V/30

Morgenröte

Der Abend kam. Es sank die Nacht,
und an den Kirchenuhren
das Zifferblatt belacht durch der Morgenröte Schein:
auch sie nur ein Wort: allein!

Muttersprache, deine Macht gebar den Tag,
somit auch die Morgenröte, dieses Licht,
das alle Türen zerbricht. Und siehe da:
das Abendrot. Ich stehe wortlos am Firmament,
beide im Wort: Der Tag sie verbrennt.

Da schlug die Kirchturmuhr ihre Mitternacht
und wartete mit mir aufs Morgenrot!
Nur ein Wort! Und doch hält die Hand
beim Schreiben inne, dass sie von Neuem stets
beginne: Tag für Tag, Jahr um Jahr, Stunde
um Stunde, für eine neublumige Runde.

Tag und Nacht waren in Sein und Zeit: vereint.

Schluss-Wort

»Die Umwertung aller Dinge« ist nur das Erkennen von ER-GON (Stillstand) und ENERGIE (Fließen) … was die Sprache in sich betrifft! These beinhaltet, Antithese und Synthese insgesamt. Die Umwertung aller Dinge ist ganz einfach der Stillstand: Die Synthese, die einst These war, sie wird zum Stillstand. Das Entwerten der offenen Werte ist kein Entwerten der Vorwerte, sondern nur ein Vorwärtsschreiten! Ohne diese Vorwerte gäbe es diese Umwertung nicht.

Die Moderne, die dann diese Umsetzung mit Genmanipulation schneller vorantreiben will, sie setzt zwar einige Unarten außer Kraft, aber sie geht unkontrolliert in die Zukunft! Hier könnte diese Umwertung, z. B. Genmanipulationen beim Mais, beim Korn, beim Menschen selbst (Embryo), beim Klonen der Tiere (irgendwann beim Menschen?), die dann für Machtbesessene billiges Kanonenfutter ergeben.

Abwertung der oberen Werte kann auch in ein Gegenteil ausbrechen: siehe Atommüll, Plastikverunreinigung der Meere. Dann erinnert man sich gerne zurück an die schöne alte Zeit.

Nihil … Nichts: Bestandteil von Thesen und Antithesen, die in der Synthese dann das Plus oder Minus offenbaren. DER wohlbesonnene Schritt hat mit Stillstand nichts zu tun: denke ich an die Überbevölkerung unserer Erde.

Religion, einst Synthese, göttlich benotet zu sein, ist man gut; ist man böse, kommt man in die Hölle! Der große GUTE Machthaber, der sich selbst zum Aller-(Gutesten) emporsymbolisierte, er macht die ehemals »guten Gläubigen« zum Gespött, gehen sie nicht aufrecht, mit Sprenggürteln in den Untergrund … um in den Himmel zu kommen!

Nihilismus ist ein Wort, das mich als Jugendlicher bis ins Mannesalter frösteln ließ. Jetzt, im Alter, die Kenntnisse aus einer ganz alten entwerteten These vom alten Sokrates ausgegeben: »Ich weiß, dass ich nichts weiß!« Sie, diese These, wird meiner menschlichen Wort-These mir bleiben, eine unumstößliche Wahrheit, das wahre Nichts erkannt zu haben und darum diese »Umwertung aller Werte«, die er damals erkannte und benannte.

Dieses, das sokratische Nichts, es beinhaltet alle Möglichkeiten, des Öffnens Mensch zu werden. Nietzsche sagte dazu dann später: Übermensch! So gehen die Thesen der Allwissenheit ihre Wege. Drogensüchtige, sie werden zum Gott – so ein Zeit-Artikel. Im Mittelalter hätte man sie (...) zur Teufelsaustreibung gesteinigt, verbrannt oder sonst welche göttlich (derzeit wahren religiösen Begleiterscheinungen) hingegeben: sich dieser Menschen zu entledigen! Da ihr Willen ja im Glauben Allmacht wurde: selbst göttlich zu sein!

Sokrates nahm den Giftbecher, da er das Gesetz, sein Land, seine Nichts-Wissenden (Wissenden) liebte. Es gibt dieses Nichts als Erkenntnis: Dafür nahm er den Giftbecher, um dieses Nichts zum Allwissend zu machen! Zur Erkenntnis der Grenze: Mensch zu sein! Das ist für Herrscher und Wissenschaftler: Stillstand ... Dann machten sie ihn, Sokrates, zum Weisesten (Menschen), durch das Orakel von Delphi: die ständig ausgerichtete These, unschuldig gläubig zu sein. Andere schlug man ans Kreuz; weniger Wissende – z. B. Frauen – verbrannte man als Hexen.

Die Runde dieser Macht-Wissenden, profitgierige Götter leben dann diese neuen Thesen unschuldig aus, unwissend gehandelt zu haben usw., usw.!

Ich habe gelernt! Das Leben lehrte es mich, über Nietzsche, Heidegger, Jaspers, über Poeten aller Länder meine Möglichkeiten, dieses mein Nichts, wissend zu leben. Ich bin in einer nach beiden Seiten offenen Parallele – Fluss des Lebens – als kleiner unsichtbarer Punkt zuhause. Rückblickend: nichts.

Vorausschauend: nichts. Und doch wird an der Stelle dieses Nichts mein Leben. Gehe ich einen Schritt in dieser Parallele voraus, dann entdecke ich etwas Neues, das ist die Energie des Wissens um das Nichts, das an der Stelle zum Allgemeinwissen – so Sokrates – zum Menschen wurde. Nichts wird an der Stelle lediglich die Erkenntnis, nicht Gott, sondern Mensch zu sein!

In diesem Nichts dann liegt eine unumstößliche Wort-Allwissenheit, die aus jeder Synthese eine These eröffnen kann: Schritt für Schritt – Mensch! So gebe ich mein Wort täglich in die Mühle, male es klein, um all die Mächtigen und auch die Einfachsten unter meiner angepassten Zeit und dem Sein im Nichts, allein zu sein: ein Mensch.

Und am Ende beginnt immer ein neuer Anfang.

»Ich habe mein neues Land entdeckt, von dem niemand etwas wusste«,

schrieb F. Nietzsche einst.

»Es gibt so viele Morgenröthen, die noch nicht geleuchtet haben.«

Mein neues Land ist das Öffnen, die Nacht in den Tag zu begleiten. Dieselben Wörter, aber um wie viele Morgenröthen mit Taglicht angefüllt wird Nacht um Nacht: Tag. Das Unendliche ist nichts anderes als das Wort: Wissen, den Menschen vom Affen zu befreien! Wahrhaftigkeit ist nicht die Benennung von Gott, Allah, Manitu, Zoroaster usf., sondern die Hinwendung, in dieser unendlichen Parallele die Benennung dafür nur als (im) Wort zu sehen. Die Einheit bedingt die Auflösung, um in allen Glaubensrichtungen die Einheit des Selbst zu erkennen, um dann das Göttliche im Keimen der Blätter, nach dem Winter (z. B.), als Wunder zu verstehn: zu leben!

Das ist mein altes und doch immer wieder mein neues Land, auch wenn's nur die Gänseblümchenwiese im Frühling ist, die mit einem Lächeln uns Jahr um Jahr begrüßt, wenn wir sie nicht mit Gülle zuschütten: ertränken!

Und am Ende dieses meines Buches, dort, beginnt »die Umwertung aller Werte« aufs Neue! Eine neue These greift den Raum an die Zeit des Menschen im Allgemeinen usf., ständig zu hinterfragen.

»Ich habe mein neues Land entdeckt« und es bleibt doch immer: Dasselbe, Das Gleiche, eine Diallele, ein Kreisverkehr, den ich meiner nach allen Seiten offenen Parallele als Pünktchen Mensch hin und her bekreise, um aus Masse, dem Wunder Muttersprache, meine Einheit ständig aufs Neu als mein neues Land, im Sinne der Energie, ständig aufs Neue zu durchlaufen.

Aus dem Übermenschen Nietzsches wurde längst ein ganz normaler Erdenbürger, der nach neuen Übermenschen Ausschau hält … bis wir endlich erkennen: Mensch heißt DENKEN, in Masse die Einheit zu betreiben.

Und da beginnen wir bei den Religionen der Welt: insgesamt. Oder? Beim Recht, um nicht Sokrates den Giftbecher erneut zu reichen und ihn dann erneut – schuldbewusst – zum Weisesten der Welt auszurufen.

In diesem Sinne beginne ich aufs Neu: »Es ist an der Zeit, Sein und Zeit in Einklang zu bringen«, in jeder Masse – Wort – die Einheit des anderen zu verstehn, um die wahrhafte ENERGIE – Muttersprache – als jenes Wunder aufrechtzuerhalten.

Wo ein Wille ist, dort ist auch ein Weg, in jeder Masse das Einzelne herauszufiltern: denn das ist im Grunde der tiefere Sinn jedes Wortes. So mein Dank dem Wort, mich verständigen zu können, auch wenn ich oft unendliche Wege zurücklege, um mich selbst verstehen zu können.

Meine Sonette bilden nicht nur Wörter hervor, sie werden 14-zeilig zu einem einzigen Wort: des Atems Eigentum! Meine

Augenblicke sind wie die Blitze der Sterne mir, um aus der Dunkelheit Wort herauszufinden: meinen Atem ständig neu zu gestalten. Meine Parallelen sind Punkt für Punkt Blickpunkte, die an den Endwölbungen zu begradigen sind! Jeder Punkt aber ist in sich unendlich, das ist der Grund, warum wir Wort und Worte nie völlig verstehen werden. Das zu erkennen ist die Quintessenz des Erkennens selbst: das Verstehen! Du lächelst? Dann hast du mich wortlos verstanden, im Wunder unserer Sprache nie und nimmer allein zu sein.

»Es gibt noch so viele Morgenröten, die noch nicht geleuchtet haben.« So entdeckte auch ich mein neues Land, von dem niemand etwas wusste ...?«

Also? Packen wir es an! ...